PÉNURIES

DU MÊME AUTEUR

Rwanda une histoire volée. Dette et génocide, Bruxelles, Éditions Tribord, 2013.

(avec Éric de Ruest), *La Dette cachée de l'économie. Le scandale planétaire*, Paris, Les liens qui libèrent, 2014.

De quoi l'effondrement est-il le nom ? La fragmentation du monde, avant-propos de Pablo Servigne, Paris, Utopia, 2016.

Petit manuel pour une géographie de combat, Paris, La Découverte, 2020.

Nos Mythologies écologiques. Déconstruire les idées reçues sur le changement climatique, Paris, Les liens qui libèrent, 2022.

Renaud Duterme

PÉNURIES

Quand tout vient à manquer

PAYOT

Retrouvez l'ensemble des parutions
des Éditions Payot & Rivages sur

www.payot-rivages.fr

Ouvrage dirigé par Sophie Bajard

« *La compréhension du monde est un préalable à sa transformation.* »

Proverbe anarcho-syndicaliste.

« *Les faits ne cessent pas d'exister parce qu'on les ignore.* »

Aldous Huxley.

« *N'ayez pas peur de l'avenir, vous n'en avez pas.* »

Pierre-Emmanuel Barré,
humoriste.

AVERTISSEMENT

L'objectif de ce livre est de proposer un état des lieux des contraintes physiques, économiques et sociales qui pèsent sur nos approvisionnements divers (énergie, matières premières, produits agricoles, biens industriels).

Le travail de recherche qui en est à l'origine se fonde évidemment sur de nombreuses sources écrites et orales (livres, rapports, interviews, reportages, articles de presse) mais aussi sur un certain nombre d'intuitions découlant de discussions avec des gens de terrain (chauffeurs, personnel médical, livreurs, employés d'industrie, bûcherons, ingénieurs, agriculteurs, travailleurs du bâtiment, vendeurs automobiles, maraîchers, analystes financiers, informaticiens, employés administratifs, etc.).

J'assume donc le côté vulgarisateur qui pourrait faire bondir certains spécialistes de telle ou telle question. Mais j'encourage également tout lecteur ou lectrice doutant de certains propos à les confronter aux réalités vécues par leur entourage ou par des professionnels œuvrant au sein des domaines d'activités analysés tout au long de cet ouvrage.

Le sujet de ce livre va sans aucun doute devenir décisif dans les années à venir. Il est donc fondamental de rendre les questions qui lui sont liées les plus accessibles possible, de façon à provoquer une prise de conscience chez tout un chacun, permettant de limiter la casse autant que faire se peut.

Si ce livre peut y contribuer, même modestement, il aura atteint son objectif.

INTRODUCTION

Chaînes et cascades

Pénurie. Un mot que l'on croyait appartenir au passé. Mais que plusieurs événements (pandémie de Covid-19, blocage du canal de Suez, guerre en Ukraine) ont fait revenir sur le devant de l'actualité. Énergie, matières premières, denrées alimentaires, médicaments, matériaux de construction, pièces automobiles, puces électroniques, main-d'œuvre, aucun secteur ne semble épargné par cette tendance préoccupante.

Et pour cause. Dorénavant, la quasi-totalité des biens que nous achetons et utilisons parviennent jusqu'à nous via des chaînes d'approvisionnement aussi longues que complexes. Elles sont composées de multiples maillons, allant de l'extraction de matières premières (minerais, produits agricoles, énergie) et leur transformation, jusqu'à l'acheminement vers les rayons des supermarchés, en passant par la fabrication, l'entreposage et, bien sûr, le transport.

Mondialisation capitaliste oblige, ces différentes étapes ont été de plus en plus éloignées les unes des autres, augmentant les risques de perturbation par effet domino. Conflits, catastrophes naturelles, aléas climatiques, grèves, attentats, épidémies, autant d'événements pouvant « gripper » un maillon de la chaîne (voire plusieurs) et par là provoquer des goulots d'étranglement remettant en question le fonctionnement même de l'économie. Ces goulots semblent se multiplier depuis quelques années et il est fort probable que cela ne soit qu'un début, tant de nombreuses ruptures se dessinent, causées soit par des limites géophysiques (épuisement des ressources), des dérèglements climatiques (sécheresses et inondations), la chute des rendements agricoles, des tensions socio-économiques (mouvements sociaux, grèves, manque de main-d'œuvre, vieillissement de la population, montée des replis identitaires) ou encore géopolitiques (guerres et conflits divers).

Jusqu'ici, les tensions ont été en partie surmontées et n'ont pas débouché sur des ruptures majeures, matérialisées par des pénuries durables. Mais leur multiplication est un phénomène inquiétant, et l'analyse objective des risques laisse supposer une aggravation et surtout une interconnexion entre ces phénomènes.

Tel est l'objet de la première partie de cet essai : établir un état des lieux des fragilités et des dangers pesant tour à tour sur les énergies, les matières premières, les chaînes logistiques, l'approvisionnement alimentaire et les systèmes de santé. Car, dans beaucoup de ces secteurs, nous entrons dans l'âge des limites et il faut nous préparer à des transitions nécessaires.

Une fois ces constats établis, il sera question dans une seconde partie de cerner les facteurs qui ont conduit à ces vulnérabilités. Loin d'être une fatalité, ces dernières trouvent leur source au sein d'une certaine vision de l'économie dans laquelle le libre-échange, la division mondiale du travail, la spécialisation des territoires et la libéralisation des mouvements de capitaux sont les fondamentaux. Ces principes engendrent en outre chez un nombre croissant de personnes, qui les subissent de plein fouet, une perte de légitimité du système en place, ce qui risque également d'alimenter des tensions sociales et géopolitiques déjà existantes.

Vus dans leur globalité, les nombreux grains de sable grippant la machine constituent donc un avertissement nous imposant un changement complet de logique, dorénavant fondée sur une baisse drastique de notre production et consommation matérielle ainsi que sur une réduction de notre dépendance vis-à-vis du reste de la planète. En d'autres termes, il devient indispensable d'envisager une économie tenant compte des descentes énergétiques et des contraintes écologiques à venir. Cela nécessite d'acter le fait que la décroissance et la démondialisation (au sens d'altermondialisation) vont peu à peu devenir les seuls horizons futurs. Les années à venir vont être déterminantes pour sensibiliser le plus large public et organiser cette décroissance afin qu'elle ne soit pas synonyme de pénurie généralisée et de récession économique, portes ouvertes à de potentielles dérives autoritaires.

Anticiper ces bouleversements impose de semer les germes d'actions collectives et individuelles visant à rendre nos territoires et nos vies plus autonomes et résilientes dans un monde en contraction. Au-delà d'initiatives locales très en vogue, il s'agira de questionner la pertinence de la préparation de tout un chacun à notre survie, la légitimité de la non-violence, le choix du lieu de vie le plus adapté (ville ou campagne), sans oublier l'importance de se mobiliser.

Cet essai n'a pas pour ambition de proposer un programme clé en main et vise d'abord à apporter quelques pistes qui nous semblent des préalables indispensables pour éviter un scénario à la *Mad Max*, afin de nous projeter dans un avenir désirable en faisant fi de nos imaginaires dominants.

PREMIÈRE PARTIE

Du sable dans les rouages

1

Une question d'énergie

Les tractopelles s'affairent, creusant le sol sur des milliers de kilomètres. Les plateformes de forage s'élèvent progressivement vers les cieux. La terre est jonchée de tubes en attente du pipeline géant. Nous ne sommes pas en Arabie saoudite mais en Ouganda, à deux pas des troupeaux de girafes et d'éléphants. Dans le parc protégé de Murchison Falls, à l'ouest du pays, un des plus hauts lieux de biodiversité au monde. Nonobstant les récriminations de l'ONG Human Rights Watch (HRW), qui affirme que le projet « a dévasté les moyens de subsistance de milliers de personnes » et « contribuera à la crise climatique mondiale », le chantier va bon train. Bientôt, du pétrole jaillira des 136 puits. Et TotalEnergies pourra se frotter les mains. Le projet est à l'échelle de l'investissement des 9 milliards d'euros conclu avec l'Ouganda, la Tanzanie et la compagnie pétrolière chinoise CNOOC : pharaonique. Soit un oléoduc de 1 443 kilomètres qui prévoit de relier les gisements du lac Albert à la côte tanzanienne sur l'océan Indien. Là, sur le port de Tenga, des mégapétroliers convoieront, chaque jour à partir de 2025, 30 millions de litres d'or noir pour satisfaire une demande mondiale croissante.

La question énergétique a toujours été centrale dans le fonctionnement des sociétés. Capter l'énergie est un défi auquel l'humanité s'attelle depuis ses débuts. Domestication du feu, mobilisation de la force musculaire des animaux et des autres êtres humains (notamment à travers l'esclavage), utilisation des moulins, invention de la machine à vapeur, du moteur à explosion puis des centrales nucléaires, mise en place des barrages hydroélectriques, installation de panneaux solaires et d'éoliennes, autant de moyens visant à nous fournir l'énergie dont nous avons tant besoin. Car pour produire, transporter notre nourriture et nos produits de consommation, alimenter nos supermarchés, nous déplacer, chauffer nos habitations, faire fonctionner les infrastructures qui nous sont indispensables, il nous faut bel et bien d'immenses quantités d'énergie[1]. Jusqu'il y a peu pourtant, l'approvisionnement énergétique faisait rarement la une de l'actualité, excepté lors d'épisodes de crises temporaires (chocs pétroliers, accidents des centrales de Tchernobyl et de Fukushima, invasion de l'Ukraine par la Russie). Mais dès que la situation semble revenir à la normale, la question s'éloigne de nos préoccupations premières[2]. Or, ces

---

1. L'énergie dont nous avons besoin dépasse en réalité largement celle que nous utilisons directement. L'on parle d'énergie grise pour qualifier cette énergie nécessaire à l'ensemble du cycle de production et de transport d'un produit. Selon le chercheur Greg De Temmerman, la part de celle-ci reviendrait en moyenne à 75 % de l'utilisation totale d'un ménage français moyen. Interview pour *Metabolism of Cities*, 2022.

2. Victor Court, *L'Emballement du monde. Énergie et domination dans l'histoire des sociétés humaines*, Montréal, Écosociété, 2022, p. 16.

dernières années constituent probablement un tournant, à savoir l'impossibilité croissante de revenir à cette normalité, et ce, en raison de tensions de plus en plus fréquentes sur l'approvisionnement énergétique global.

Le Graal en matière d'énergie est d'en trouver une source à la fois dense et stockable. La densité exprime en résumé le gain qu'une unité de surface ou de volume est en mesure de fournir. La force musculaire est certainement l'énergie pour laquelle ce gain est le plus faible et, à l'inverse, l'énergie nucléaire la plus « dense ». Quant au stockage, il se réfère à la capacité à détenir une quantité d'énergie à notre disposition quels que soient le moment ou l'endroit. Les énergies fossiles sont par définition des énergies dites de stock, contrairement à l'énergie solaire ou éolienne par exemple. Qui dit stockable dit également pilotable, c'est-à-dire pouvant être utilisé selon nos besoins indépendamment des conditions climatiques.

À partir du XVIIIe siècle, le monde va peu à peu bénéficier d'un régime énergétique doté de ces deux avantages. Résultant de millions d'années d'accumulation de déchets organiques au sein de la croûte terrestre, le charbon, le gaz et le pétrole vont faire entrer l'humanité (ou du moins une partie) dans un nouveau monde en apparence libéré de toute contrainte physique. Des besoins qui exigeaient autrefois des efforts et des laps de temps considérables (tels que se déplacer, produire et transporter des marchandises, se nourrir, se chauffer, etc.) vont devenir d'une banalité affligeante. Bienvenue dans l'Anthropocène !

Du pétrole à tous les étages

Si ces bouleversements vont être initiés avec l'emploi du charbon (machine à vapeur et production d'électricité), c'est le pétrole qui va révolutionner notre monde. Il est toujours surprenant de voir à quel point l'importance de cette huile est sous-estimée. Elle est derrière presque tout ce que nous fabriquons et utilisons. Elle autorise la majorité des kilomètres que nous parcourons. Elle constitue la base de notre système agroalimentaire moderne, mécanisé et mondialisé. Elle nous permet individuellement de bénéficier de l'énergie équivalente à celle de plusieurs centaines d'esclaves, procurant même à des ménages précaires un niveau de confort inégalé dans l'Histoire.

Au-delà de notre utilisation directe, le pétrole sera le catalyseur de bien d'autres bouleversements, à commencer par l'exploitation intensive de la plupart des ressources naturelles (minières, agricoles, halieutiques, forestières, etc.). Matthieu Auzanneau a raison d'en parler comme de « la mère de toutes les matières premières[1] ». Mais le pétrole va aussi accélérer la fabrication de biens et leur transport, deux facteurs à la base de notre société de consommation standardisée. Il va évidemment faciliter les voyages et par conséquent engendrer des changements profonds dans notre conception de l'espace (quoi de plus normal que de parcourir des milliers de kilomètres en quelques heures). C'est grâce (ou à cause) du pétrole que l'urbanisation à outrance

1. Matthieu Auzanneau et Hortense Chauvin, *Pétrole. Le déclin est proche*, Paris, Seuil, 2021, p. 71.

va être rendue possible, notamment via l'acheminement de millions de tonnes de denrées alimentaires vers les centres urbains. Et il est peu probable que sans ce même pétrole, la population humaine ait pu connaître une telle explosion démographique, laquelle dépend largement de la hausse de la productivité agricole (machines, engrais, pesticides) et de la conservation d'aliments[1]. Enfin, que seraient nos paysages totalement artificialisés (routes, parkings, zones commerciales et industrielles, etc.) sans ce que l'un des fondateurs de l'OPEP (Organisation des pays exportateurs de pétrole), le Vénézuélien Juan Pablo Pérez Alfonso, appelait l'« excrément du diable » ?

Le pétrole va par ailleurs transformer toute l'organisation sociale de notre système économique. Sa nature l'autorise non seulement à être extrait et transporté très facilement avec une main-d'œuvre moindre, ce qui va permettre aux grands acteurs du secteur de dompter plus facilement les revendications syndicales, et ce, contrairement au charbon dont l'extraction et le transport, plus pénibles, nécessitent davantage de bras et sont susceptibles d'être perturbés par des mouvements sociaux[2].

Mais le pétrole va également ébranler l'ensemble des appareils productifs, internationalisant à outrance les différentes étapes qui constituent le cycle de vie d'un produit (industriel, agricole...), ce qui va, d'une part, mettre tous les travailleurs

---

1. Christophe Blain et Jean-Marc Jancovici, *Le Monde sans fin*, Paris, Dargaud, 2021.
2. Timothy Mitchell, *Carbon Democracy. Le pouvoir politique à l'ère du pétrole*, Paris, La Découverte, 2013, p. 47.

des pays concernés en concurrence les uns avec les autres, et, d'autre part, déconnecter toujours plus les lieux de production de ceux de consommation. Certes, le charbon avait déjà impulsé cette tendance mais à un rythme bien plus lent et à une échelle bien plus réduite, ce qui laissait encore de la place à une autonomie territoriale en matière de production alimentaire, artisanale, voire même industrielle. Avec le pétrole, tout s'externalise et se spécialise à l'international, ce qui rend la quasi-totalité des territoires dorénavant dépendants de régions extérieures, que ce soit en termes d'approvisionnement ou de débouchés pour la production locale. C'est d'autant plus vrai que c'est ce même pétrole qui va engendrer la méthode du *just in time*, à savoir la réduction des stocks au profit d'un acheminement quotidien.

Insister sur ces éléments permet de comprendre les difficultés à passer à un monde sans pétrole, et plus généralement sans énergies fossiles, lesquelles constituent encore aujourd'hui près de 80 % du mix énergétique mondial. Pour autant, cette part devra baisser, et ce, pour des raisons géophysiques.

Pic à l'horizon

Les énergies fossiles sont au cœur d'un paradoxe. Personne n'ignore leur aspect non renouvelable, mais très peu les considèrent véritablement comme telles. C'est surtout vrai pour le pétrole, dont l'épuisement sera sans doute le plus précoce.

On sait que la formation des énergies fossiles repose sur des temps géologiques, humainement inconcevables, à savoir des millions d'années. *A contrario*, l'extraction et la consommation de brut s'opèrent en quelques décennies, quelques siècles au maximum. Comme pour l'intégralité des ressources non renouvelables, l'exploitation du pétrole suit donc une courbe en cloche. Une fois la phase exploratoire finalisée, les réserves, c'est-à-dire la part des ressources accessibles, augmentent progressivement, du fait de la découverte de nouveaux gisements et des avancées technologiques facilitant l'extraction. Cette augmentation aboutit inexorablement à un pic. Une fois ce pic atteint, l'on découvre de moins en moins de pétrole et la production décline. Ce dernier est par ailleurs de plus en plus compliqué à extraire (gisements en profondeur, zones inhospitalières ou de mauvaise qualité, etc.). C'est la fameuse allégorie de la chasse aux œufs de Pâques[1] : les œufs que l'on trouve en premier sont toujours les plus gros et les moins cachés ! Ceux qui restent sont moins accessibles et/ou plus petits. Transposés au pétrole, ces œufs constituent les pétroles de schiste, les sables bitumineux, le pétrole en eau profonde ou présent dans des zones difficiles d'accès telles que les régions polaires (températures glaciales, isolement, banquises et icebergs, difficultés à faire venir de la main-d'œuvre engendrant des salaires élevés, etc.). De cet état de fait découlent trois implications concrètes.

Primo, les coûts d'extraction vont être de plus en plus importants. Pour que l'exploitation soit rentable, il faut donc que les prix du baril soient suffisamment hauts. Dans le cas contraire, l'extraction ne peut tout simplement pas se poursuivre à moyen

---

1. Métaphore empruntée à Jean-Marc Jancovici.

et long terme. Par conséquent, exploiter les gisements restants ne pourra se faire que si les cours du brut sont suffisamment élevés (à titre d'exemple, l'exploitation du pétrole issu des sables bitumineux nécessite, pour être rentable, un baril à 80 dollars[1]). L'offre de pétrole sur les marchés en sera certes augmentée mais cette hausse des cours aura également un effet de renchérissement des coûts, et donc des prix, ce qui se traduira par une stagnation de l'économie. Ce ralentissement engendrera à son tour une baisse de la demande de brut et par conséquent une diminution du prix. Jusqu'au moment où, ce dernier restant trop bas trop longtemps, la rentabilité de nombreux gisements chutera, diminuant la production et provoquant une remontée des cours. En bref, les prix du pétrole continueront à suivre une courbe digne des montagnes russes, mais malgré tout selon une pente ascendante. Cette situation, d'ores et déjà observable, fera osciller nos sociétés entre des épisodes de contraction économique (avec des prix en baisse) et d'autres dans lesquels les prix de l'énergie atteindront des sommets. Dans ce contexte, de plus en plus d'investissements seront nécessaires pour financer des gisements de moins en moins prometteurs, ce qui risque fort de refroidir un secteur dont la recherche de profit maximal est la nature même.

Secundo, si un pétrole moins accessible est plus coûteux, il exige également plus d'énergie. Car on oublie souvent qu'extraire, raffiner et transporter du pétrole demande… du pétrole. Ce rapport entre l'énergie produite et celle investie, soit le taux de

---

1. Hugues Stoeckel, *La Faim du monde. L'humanité au bord d'une famine globale*, Paris, Max Milo, 2012, p. 65.

retour énergétique (TRE), est donc fondamental pour estimer la viabilité d'un gisement. Or, ce TRE est en constante diminution. « Au début du XXe siècle, le pétrole étasunien avait un fantastique TRE de 100:1 (pour une unité investie, on en récupérait 100). On creusait à peine, le pétrole giclait. En 1990, il n'était plus que de 35:1, et aujourd'hui, il est d'environ 11:1. À titre de comparaison, le TRE moyen de la production mondiale de pétrole conventionnel se situe entre 10:1 et 20:1. Aux États-Unis, le TRE des sables bitumineux est compris entre 2:1 et 4:1[1]. » Bref, bien que ces chiffres représentent des moyennes globales, ils sont révélateurs d'une tendance lourde, celle d'un déclin énergétique profond. Il va de soi que tôt ou tard arrivera le moment où le gain énergétique ne suffira plus, ce qui contraindra des exploitants à laisser le pétrole sous terre. À noter que ce TRE s'applique également aux autres énergies[2].

Tertio, des pétroles plus difficiles à extraire ont généralement des impacts environnementaux plus lourds. Besoins en eau croissants (alors que le stress hydrique gagne du terrain dans de nombreuses régions riches en hydrocarbures), destruction des paysages (pensons aux sables bitumineux), raffinages plus coûteux, perturbations des écosystèmes fragiles, pollutions des nappes phréatiques, risques d'accidents accrus, sans oublier les émissions de gaz

1. Pablo Servigne et Raphaël Stevens, *Comment tout peut s'effondrer. Petit manuel de collapsologie à l'usage des générations présentes*, Paris, Seuil, 2015, p. 52-53.
2. Philippe Bihouix, *L'Âge des low tech. Vers une civilisation techniquement soutenable*, Paris, Seuil, 2014, p. 64.

à effet de serre inhérentes à l'exploitation de brut. Par conséquent, quand bien même ce qui précède se révèlerait trop pessimiste, il est plus que souhaitable de laisser les hydrocarbures restants bien à leur place, sans quoi le climat ayant permis le développement de nos sociétés ne se révèlera bien vite qu'un lointain souvenir.

La fin d'un monde

Même si cette raréfaction va toucher l'ensemble du monde, notamment à travers des effets dominos liés au commerce international et à l'économie mondialisée, l'Europe menace d'être fortement impactée, pour la simple et bonne raison que les quantités de brut présentes sur le continent sont très faibles. La plupart des producteurs européens (qui n'étaient déjà pas très nombreux), comme les principaux fournisseurs extérieurs du continent, semblent déjà avoir passé leur pic[1]. Et ce, sans prendre en compte les tensions géopolitiques qui, l'exemple de la Russie nous l'a montré, sont assez imprévisibles. D'après une étude menée par le Shift Project en 2020, notre approvisionnement risque de subir une contraction de 8 % d'ici 2030[2]. Celui-ci connaît en effet toujours plus de tensions qui, prises individuellement, pourraient se résorber mais, envisagées dans leur globalité, deviennent insolubles. Pour rester concret : dans

---

1. jancovici.com/transition-energetique/petrole/le-pic-de-production-une-realite-deja-courante

2. theshiftproject.org/wp-content/uploads/2020/06/%C3%89tude_D%C3%A9clin-de-lapprovisionnement-de-lUE-en-p%C3%A9trole-dici-2030_TSP.pdf

une situation d'abondance pétrolière, l'Europe aurait pu se priver du pétrole russe en l'important auprès d'autres producteurs. Le hic, c'est qu'une majorité d'entre eux, de nouveau pour des raisons géophysiques, sont au maximum de leur production et ne peuvent ainsi extraire du jour au lendemain des millions de barils supplémentaires. Or, dans un contexte de contraction énergétique, il est loin d'être sûr que ces pays, lesquels orientent leur politique en la matière en fonction de leurs intérêts propres, nous fourniront les quantités de pétrole et de gaz nécessaires. L'avenir augure donc une (encore) plus grande dépendance à quelques producteurs ainsi qu'une relative soumission forcée à leurs desiderata.

On ne mesure pas bien les conséquences d'une raréfaction du pétrole, bien que les tensions survenues à la suite de l'invasion de l'Ukraine par la Russie nous en aient donné un aperçu. Rappelons que le pétrole ne constitue rien de moins que le sang qui irrigue toutes nos économies. Par conséquent, une diminution du pétrole disponible et/ou son enchérissement engendre évidemment un surcoût perceptible directement par tout un chacun, notamment via la hausse des prix des carburants, du chauffage au fioul ainsi que de nombreux biens et services consommés quotidiennement[1]. Mais cette hausse se répercute également, et souvent dans des proportions plus importantes, sur la totalité de nos tissus industriels, associatifs, médicaux, éducatifs, etc. En septembre 2022,

1. À titre d'exemple, la Belgique a enregistré une inflation de 10,2 % en 2022, principalement liée à l'explosion des prix énergétiques. Source : Rapport 2022 de la Banque nationale de Belgique.

l'explosion des coûts de l'énergie (certes pas uniquement le pétrole) a considérablement impacté des secteurs aussi divers que la fabrication de matériaux de construction (briques, tuiles, ciment, acier, etc.), le petit artisanat (boulangeries, restaurants, etc.), les centres sportifs (la question du maintien de l'ouverture de nombreuses piscines s'est posée), les écoles (baisse de chauffage dans de nombreuses classes) ou encore certains hôpitaux et administrations communales. On voit donc que les effets indirects surpassent souvent ceux que l'on perçoit individuellement avant d'aggraver ces derniers, notamment via la faillite de certains secteurs, des pénuries de pièces mettant à l'arrêt des chaînes de production, l'augmentation de la valeur des importations et la hausse des prix des biens de consommation courante.

Plus généralement, un renchérissement du pétrole et/ou la baisse de sa disponibilité engendre une contraction de l'économie, principalement à travers une baisse du PIB. Non que ce PIB soit un indicateur pertinent[1], mais force est de constater que dans une société de croissance, une diminution de cette dernière se traduit *de facto* par un marasme social et une augmentation de la pauvreté. Il suffit de voir le poids de la variable énergétique (et pétrolière en particulier) dans les grandes crises économiques de ces dernières décennies[2]. Loin de nous l'idée

1. Parmi les principales critiques, celle de ne prendre en compte que les productions ayant une valeur marchande, et ce, quand bien même ces productions n'auraient aucune utilité sociale et seraient sources de nuisances.

2. Aux États-Unis, sur onze crises économiques, dix ont été associées à une augmentation forte des prix du pétrole.

de considérer l'augmentation des prix du pétrole comme l'unique cause de ces crises, mais ce dernier élément agit indéniablement comme le catalyseur de facteurs plus profonds et souvent inhérents à la logique du capitalisme (surproduction, saturation des marchés, besoin constant de trouver des débouchés, hausse de l'endettement privé, etc.). Or la raréfaction du pétrole survient justement à une époque où les contradictions du système sont à leur paroxysme[1]. Les déboires que nos économies ont connus ces dernières années risquent bien de n'être qu'un prélude à une tendance lourde et durable de stagnation économique. En outre, le pétrole constitue encore le premier carburant (et de loin puisqu'à plus de 90 %[2]) pour les transports de marchandises (cargos, avions, camions), ce qui en fait sans aucun doute le principal moteur du commerce mondial. Dans un monde en contraction, ce commerce devra indéniablement décroître, ce qui pourrait ne pas être une mauvaise chose, à condition de l'anticiper et de s'y préparer. Deux choix qu'aucun gouvernement de la planète ne semble vouloir faire.

Grosso modo, ce qui précède vaut également pour le gaz. Les mêmes causes produisant les mêmes effets, l'invasion russe en Ukraine et les dommages causés à plusieurs gazoducs en mer Baltique ont mis le marché sous tension. Et ce, sans compter les

---

Matthieu Auzanneau, *Or noir. La grande histoire du pétrole*, Paris, La Découverte, 2015, p. 593.

1. Renaud Duterme, *Petit manuel pour une géographie de combat*, Paris, La Découverte, 2020.

2. jancovici.com/transition-energetique/petrole/a-quoi-nous-sert-ce-fameux-petrole

incertitudes quant à la situation au Moyen-Orient depuis la reprise des hostilités entre Israël et la Palestine en octobre dernier. Certes, Israël est un petit producteur mais les craintes concernent surtout une potentielle implication de l'Iran dans le conflit, qui est non seulement un des plus gros producteurs de la région mais est surtout situé au cœur d'autoroutes gazières parmi les plus essentielles de la planète. À l'autre bout du monde, c'est un mouvement social au sein de l'entreprise Chevron, géant du secteur, qui a provoqué des remous, notamment quant à la possibilité pour les syndicats de partir en grève. Comme pour le pétrole, ces incertitudes s'inscrivent au sein d'un marché très volatil, qui résulte de mouvements spéculatifs scrutant le moindre événement pouvant dégager d'importantes marges pour des acteurs financiers. L'Europe, qui a passé son pic de production, n'en a donc pas fini de subir les conséquences de toutes ces instabilités.

Au feu, tout brûle !

La question des énergies fossiles doit se comprendre au regard d'une double contrainte : leur épuisement programmé mais aussi leur impact désastreux en matière d'émissions de gaz à effet de serre, principal facteur d'un réchauffement climatique dont les effets commencent sérieusement à bouleverser nos vies. Quand bien même ce qui précède serait contredit par la découverte de nouveaux gisements et/ou de nouvelles technologies d'extraction nous donnant accès à des quantités supplémentaires de pétrole bon marché (ce qui est, sur le plan physique, hautement improbable), les conséquences climatiques liées aux émissions de gaz à effet de serre nous imposent de réduire drastiquement la combustion d'énergies fossiles. Pour le dire autrement, il est impératif de laisser l'immense majorité de ces ressources à leur place, et ce, dès maintenant. Si l'on veut avoir une chance de rester dans un réchauffement inférieur à 2°C par rapport aux températures moyennes de l'époque préindustrielle, c'est un tiers des réserves de pétrole, la moitié des réserves de gaz et 80 % des réserves de charbon qui doivent être inutilisés[1].

Même si, quoi que l'on fasse, un réchauffement global est déjà à l'œuvre et va s'aggraver dans les années et décennies à venir. Le seuil de 1,5°C d'augmentation est d'ores et déjà acté d'ici quelques années[2], c'est-à-dire à un rythme beaucoup plus rapide que les recommandations et prévisions du GIEC. Mais tout degré supplémentaire évité nous épargnera des conséquences plus désagréables que celles déjà enclenchées.

Car ici encore, ce réchauffement ne va pas se résumer à une hausse progressive de quelques degrés des températures auxquelles nous sommes habitués. Le climat étant un phénomène complexe, les augmentations prévues sont avant tout des moyennes masquant de fortes disparités entre les régions, et donc des bouleversements potentiellement très sous-estimés et s'alimentant les uns les autres. Comme le souligne Victor Court, « si rien n'est fait pour diminuer radicalement les émissions à venir, les modèles

1. Victor Court, *op. cit.*, p. 418.
2. Rapport du GIEC, mars 2023.

climatiques anticipent un réchauffement de 4 à 5°C d'ici à la fin du siècle. Quelques degrés de plus, cela semble dérisoire. Mais il faut bien comprendre ce qu'implique un tel changement à l'échelle mondiale : lorsque le climat était en moyenne de 4 à 5°C moins chaud, il y a 20 000 ans, le niveau des océans et des mers était plus bas d'une dizaine de mètres (on pouvait aller à pied de l'Angleterre à la France), le nord de l'Europe et de l'Amérique était recouvert d'une énorme calotte glaciaire et les températures étaient de 10 à 12°C moins élevées juste au sud de ces territoires (la France ressemblait à la steppe sibérienne actuelle)[1] ».

Pis encore, une augmentation de quelques degrés peut enclencher des boucles de rétroaction (ou cercles vicieux), précipitant le climat dans un basculement rapide et irréversible. Des températures plus élevées et des sécheresses plus longues multiplient ainsi le nombre et la fréquence des incendies de forêts, ce qui engendre des émissions supplémentaires de CO_2. Dans le même ordre d'idées, la fonte de la banquise accroît l'absorption de la chaleur par la Terre (moins de couleur blanche = moins de réflexion), ce qui accélère la hausse des températures. Sans oublier le permafrost, ce sol gelé couvrant près d'un cinquième des terres émergées, dont le dégel provoque des émissions de méthane et de CO_2. Ces cercles vicieux (et bien d'autres) contredisent l'idée de linéarité des changements en cours et traduisent plutôt des effets de seuils qui, une fois dépassés, entraîneront des bouleversements plus rapides et plus imprévisibles.

1. Victor Court, *op. cit.*, p. 406.

Il est impossible d'anticiper toutes les ruptures qui vont survenir à la suite de changements liés au climat et il en sera question à plusieurs reprises dans le présent ouvrage. Mais ces dernières années nous donnent déjà de nombreux indices faisant état de perturbations majeures pouvant impacter maintes régions : sécheresses, dérèglement des saisons, mauvaises récoltes, catastrophes climatiques de plus en plus violentes (incendies, inondations, canicules, tempêtes, ouragans) : bref, une série de conséquences remettant en cause le fonctionnement « normal » de nos sociétés. La baisse de la production agricole et l'altération du goût de certaines cultures, la chute de l'activité touristique dans des régions de basse et moyenne montagne en raison du manque de neige, ou dans des régions traditionnellement ensoleillées où la chaleur devient suffocante, le manque d'eau pour des unités industrielles, contraignant un arrêt de la production et la déstructuration du tissu économique de régions sujettes aux inondations (en 2022, le Pakistan a enregistré une chute de ses exportations de textile, principalement à la suite des dégâts que des pluies diluviennes ont causés à des champs de coton) ou à d'autres catastrophes climatiques, ne constituent que des exemples parmi d'autres d'impacts potentiels qui vont se révéler de plus en plus fréquents.

Jusqu'il y a peu, on croyait ces effets avant tout réservés aux pays lointains et plus pauvres. Mais ces dernières années, l'on constate que de nombreuses régions riches subissent tour à tour des catastrophes et autres désagréments perturbant grandement le fonctionnement de leur économie. Si ces événements extrêmes ne sont peut-être pas inédits en soi, ils le deviennent par leur ampleur et surtout par leur succession, de sorte que ces sociétés peinent à se remettre de la précédente calamité. Des pays aussi divers que la Belgique, les États-Unis, l'Australie ou encore le sud de l'Europe voient ainsi depuis plusieurs années se succéder vagues de chaleurs, sécheresses, inondations, mégafeux de forêts, etc. Même si ces événements vont inévitablement se multiplier dans les années à venir, il importe donc de sortir radicalement des énergies fossiles si l'on ne veut pas que ce réchauffement se rende incontrôlable et les conséquences incommensurables. Fait révélateur : de plus en plus de compagnies d'assurance rechignent à prendre en charge les dégâts consécutifs à des aléas climatiques. Avec l'augmentation de la violence des ouragans, l'État de Floride a même du mal à recruter des assureurs, nombre d'entre eux ayant décidé de quitter la région.

Les déboires de la fée électricité

À côté du pétrole, l'électricité constitue le deuxième pilier de nos systèmes énergétiques modernes, que ce soit pour les sphères domestiques, industrielles, agricoles et tertiaires. C'est d'autant plus vrai avec l'avènement des technologies numériques et les promesses relatives à l'électrification de nos parcs automobiles. Quiconque ayant déjà subi une coupure de courant durant quelques heures sait estimer son importance pour notre quotidien, et les pays ayant fait l'expérience de pannes généralisées témoignent des problèmes majeurs que cela peut très vite poser, notamment en termes de fonctionnement des infrastructures (hôpitaux, bâtiments publics, supermarchés, usines, transport ferroviaire, etc.).

Contrairement au pétrole, l'électricité est avant tout un vecteur d'énergie, ce qui rend cette dernière difficilement stockable, du moins à grande échelle. Ce qui signifie que la production électrique doit pouvoir satisfaire la consommation en temps réel. Or, cette consommation varie fortement selon le moment de la journée (pic le matin et en soirée), la période de l'année (davantage en hiver en raison des besoins en chauffage), les conditions climatiques, ou encore des événements ponctuels (grands rendez-vous télévisuels, fêtes de fin d'année, etc.). Notre système électrique doit donc fournir la quantité suffisante en permanence, et ce, quand bien même les pics de production ne correspondent pas à ceux de consommation. En Europe, chaque pays peut d'ailleurs compter sur ses voisins, l'électricité s'exportant et s'important quotidiennement en fonction des besoins et surplus des autres États.

L'autre grande contrainte de l'électricité est la nécessité de la produire à l'aide d'une autre source d'énergie primaire. Classiquement, les principaux moyens de production d'électricité sont les centrales thermiques classiques (charbon, pétrole, gaz), les centrales nucléaires, les barrages hydroélectriques, les panneaux solaires et les éoliennes. Les proportions varient selon les pays en fonction de leurs ressources, de leur climat, de leur relief, de leurs moyens financiers mais aussi de l'orientation des politiques publiques qui y sont menées. En effet, définir le mix énergétique d'un pays implique un arbitrage permanent, aucune énergie n'étant dépourvue d'inconvénients. Jusqu'ici, l'approvisionnement électrique semble avoir réussi son pari, du moins dans les pays les plus riches. Mais de nouveau, quelle que soit l'énergie primaire à la source de cette production, un certain nombre de contraintes risquent fort de perturber notre approvisionnement, ce qui ne va pas manquer d'engendrer d'importantes tensions, à l'instar de celles advenues l'hiver 2022.

La production électrique à base d'énergies fossiles (charbon, pétrole et gaz) constitue sans doute, de façon purement technique, le moyen le plus efficace pour alimenter un réseau en fonction des besoins. Mais nous l'avons vu, les impacts climatiques nous imposent de réduire autant que faire se peut et le plus rapidement possible leurs usages, sans quoi une partie de l'humanité court à sa perte dans les décennies à venir (et ce, sans compter les difficultés d'approvisionnement en gaz, majoritairement en provenance de Russie). Si l'on veut (tenter de) rester dans les objectifs climatiques définis lors des accords internationaux, il faut donc trouver d'autres sources pour une électricité décarbonée. Ces sources sont de deux types : nucléaire ou renouvelable. Passons en revue les défis auxquels ces sources menacent d'être confrontées.

Nucléaire, (in)dépendance énergétique ?

Décrédibilisée à la suite des catastrophes de Tchernobyl et de Fukushima, l'énergie nucléaire semble bénéficier ces dernières années d'un nouveau souffle. D'abord en raison de ses faibles émissions de CO_2, permettant d'envisager une production électrique compatible avec les ambitions climatiques des différents accords internationaux (en théorie du moins). Ensuite dans le but de diminuer notre dépendance énergétique (gaz et pétrole) vis-à-vis de la Russie après l'invasion de l'Ukraine. Rien de neuf dans ce raisonnement, plusieurs pays tels que la France, la Belgique ou le Japon ayant développé leur programme nucléaire civil à la suite du premier choc pétrolier de 1973, le pétrole étant encore à l'époque utilisé pour la production d'électricité. Il n'est pas question ici d'établir un catalogue des avantages et des inconvénients que pose l'énergie nucléaire. Cela a déjà été fait ailleurs[1] et dépasse le cadre de cet ouvrage. En revanche, il est judicieux de mettre en lumière tous les obstacles auxquels risque d'être confronté le secteur du nucléaire civil au gré des évolutions climatiques, géologiques et socio-économiques à l'œuvre.

Les débats sur le nucléaire sont souvent très binaires, et rares sont les acteurs le considérant sous toutes ses contraintes. Pour beaucoup (en particulier chez les classes dirigeantes), de par sa densité faramineuse et son faible impact sur le climat, l'énergie nucléaire permettrait de poursuivre notre système de croissance sans le transformer en profondeur, encourageant l'idée d'une abondance sans limite. Ce qui est somme toute conforme au système d'accumulation sans fin qui définit le capitalisme. Qui plus est, dans le contexte géopolitique que nous connaissons, il donne aux pays moins dotés en ressources énergétiques l'illusion d'une indépendance vis-à-vis des grands producteurs. Qu'en est-il réellement de toutes ces vertus ?

1. Antoine de Ravignan, *Nucléaire, stop ou encore ?*, Paris, Les Petits matins, 2022.

1. Rappelons pour commencer une évidence souvent occultée : l'énergie nucléaire ne sert qu'à produire de l'électricité, ce qui ne constitue qu'une partie des besoins énergétiques d'un territoire (24,8 % pour la France, et 19,3 % de la moyenne mondiale[1]). Par conséquent, quand bien même il serait décidé de poursuivre dans cette voie, d'autres défis resteraient à surmonter, notamment dans le domaine des transports, de la production agricole et industrielle, du chauffage des bâtiments, etc.

2. Certes, une centrale nucléaire n'émet pas de CO_2. Il n'empêche que sur l'ensemble du cycle de production, les nuisances sont loin d'être inexistantes : extraction de l'uranium mais aussi des autres minerais nécessaires (thorium, béryllium, hafnium, zirconium, baryum, bore, tungstène[2]), enrichissement de la matière radioactive, construction et surtout démantèlement des centrales, retraitement et stockage des déchets. Bref, autant d'impacts invisibilisés (notamment car différés dans le temps ou au sein d'autres territoires) mais qui sont bien réels.

3. On le comprend, parler d'indépendance énergétique est donc quelque peu simpliste. La totalité des minerais cités ci-dessus proviennent de pays lointains (Russie, Chili, Bolivie, Australie, Afrique du Sud, etc.) et sont dépendants de chaînes d'approvisionnement longues de plusieurs milliers de kilomètres. En outre, parmi les principaux producteurs de ces minerais, la Chine se trouve en tête du classement, ce qui augure de potentielles tensions sur ces

---

1. Chiffres de 2019 cité dans *ibid.*, p. 33.
2. Aurore Stéphant, interview pour *L'ADN*, juillet 2022.

approvisionnements en raison des divergences géopolitiques entre ce pays et l'Occident[1]. Par ailleurs, concernant la France, on est en droit de questionner cette indépendance quand, historiquement, une partie significative de l'uranium utilisé sur le territoire provient de son ancien empire colonial (Niger en tête).

4. En France comme en Belgique, la plupart des centrales sont vieillissantes. Il est toujours compliqué d'extrapoler sur les risques réels ou fantasmés d'accidents, tant les informations techniques dépendent avant tout des avis des autorités du secteur. Mais ce qui est certain, c'est que l'âge avancé de ces centrales augmente le danger, sinon d'accident, du moins de problèmes liés à l'usure, ce qui nécessitera une multiplication des travaux de maintenance et de réparation, engendrant des coûts et des délais de fermetures eux aussi croissants. Cette situation sera encore aggravée par le manque de personnel qualifié, attesté par le désamour pour la filière chez les étudiants. Durant l'été 2022, l'entretien de plusieurs réacteurs français fut retardé en raison du manque de travailleurs qualifiés disponibles pour cette tâche.

5. Hormis l'allongement de la durée de vie des centrales déjà existantes, qu'en est-il de la construction de nouvelles, plus modernes, plus efficaces et plus sûres ? De nouveau, les arguments sur papier diffèrent beaucoup de la réalité. Les délais de construction de nouvelles unités sont au minimum de quinze

1. Guillaume Pitron, *La Guerre des métaux rares. La face cachée de la transition énergétique et numérique*, Paris, Les liens qui libèrent, 2018.

ans avec, comme souvent dans ce genre de chantiers pharaoniques, des aléas de retard et de surcoût non négligeables[1]. La question se posera également quant à leur localisation, en particulier au regard des mobilisations croissantes d'écologistes et de populations limitrophes.

6. Les prévisions climatiques sont formelles : la menace de sécheresses et d'événements météorologiques extrêmes va s'accentuer dans les prochaines années. L'année 2022 nous a donné un aperçu de ce qui va probablement devenir une situation banale dans un avenir très proche. Le manque de débit de plusieurs fleuves a ainsi provoqué la fermeture de nombreux réacteurs, ce qui, déjà à court et moyen terme, risque fort de venir perturber l'approvisionnement électrique. D'aucuns évoqueront le réacteur de Palo Verde, en Arizona, lequel est exclusivement alimenté par les eaux usées de la ville de Phoenix. Mais envisager ce genre de solutions implique là encore des contraintes et des délais loin d'être anodins.

7. À l'inverse, de fortes précipitations durant des laps de temps très courts (notamment causées par une augmentation de l'évaporation en raison de la hausse des températures) sont également à craindre, comme cela a été le cas durant l'été 2021 en Allemagne et en Belgique. Quels périls pour des centrales majoritairement situées en bord de rivières ou de fleuves ?

8. Enfin, quant aux prouesses technologiques que constitueraient des réacteurs « nouvelle

1. Antoine de Ravignan, *op. cit.*, p. 51-58.

génération », voire fondés sur la fusion, elles ne pourraient véritablement se déployer à grande échelle et, dans le meilleur des cas, que dans la seconde moitié de ce siècle[1], ce qui est très loin des objectifs actuels de réduction des gaz à effet de serre.

De nouveau, le propos ici n'est pas d'adopter une approche dogmatique anti-nucléaire. Simplement de souligner qu'à l'instar des autres énergies, elle n'existe pas en vase clos par rapport au reste de la société et est donc influencée par les contraintes et ruptures qui nous attendent.

Des énergies renouvelables prisonnières de la géographie

L'autre grand type d'énergie décarbonée regroupe l'ensemble des énergies dites renouvelables qui, tout en faisant partie d'un même groupe, sont relativement différentes les unes des autres. Mais ici encore, et bien qu'elles doivent inévitablement participer à la solution pour des raisons évidentes, elles portent chacune en elles des contraintes qui empêcheront la poursuite de notre modèle de croissance actuel. À titre d'exemple, la production d'électricité hydraulique, via les barrages principalement, se révèle en toute logique fortement dépendante du débit des cours d'eau sur lesquels ils sont installés. Or, comme pour les centrales nucléaires, les épisodes de sécheresses de plus en plus nombreux et de plus en plus longs remettent en cause une partie de notre

1. *Ibid.*, p. 51.

approvisionnement électrique. L'arrêt des turbines pour raisons climatiques (sécheresses mais aussi manque de neige à hautes altitudes en raison de la douceur des hivers) s'est déjà opéré dans de nombreuses régions de France, des États-Unis ou même du Venezuela. Par ailleurs, un barrage ne sera efficace qu'au sein d'un certain relief et sur des cours d'eau relativement turbulents. Ce qui rend très difficile la construction de nouvelles installations, pour la simple raison que beaucoup des endroits propices ont déjà été utilisés. La géothermie peut se révéler prometteuse mais ses perspectives d'évolution se heurtent encore à des réalités physiques telles que le manque d'endroits adaptés à ces installations (du moins à un coût d'investissement acceptable) et surtout le manque de débouchés pour son utilisation (essentiellement la production de chauffage et, dans de rares pays, d'électricité).

Outre l'énergie hydraulique et géothermique, les deux principales sources d'énergies primaires renouvelables sont bien entendu l'éolien et le solaire. Leur potentiel théorique pourrait être absolument démentiel (l'énergie en provenance du Soleil correspond à des milliers de fois les besoins de l'ensemble des sociétés) mais il se heurte à plusieurs limites, à commencer par leur caractère intermittent. Leur énergie étant difficilement stockable, panneaux solaires et éoliennes exigent avant tout du soleil et du vent pour fournir une énergie correspondant aux nécessités du moment. Dans certaines régions, ou lors de périodes peu ensoleillées et/ou venteuses, les quantités d'énergie fournies apparaissent donc insuffisantes, ce qui, dans un monde fonctionnant 24 heures sur 24, peut rapidement se révéler problématique. Bien que certaines capacités de stockage existent, elles se révèlent largement insuffisantes pour satisfaire une société de production et de consommation de masse habituée à tout le confort moderne. Jusqu'à aujourd'hui, la résolution de ce dilemme est essentiellement passée par le recours à des centrales thermiques (gaz, charbon) ou nucléaires durant les périodes de faible intensité énergétique renouvelable. Mais l'on vient de voir les limites de la poursuite de cette alternance.

Par ailleurs, le solaire et l'éolien sont des vecteurs d'énergies ayant une faible densité, ce qui requiert d'importantes surfaces pour produire autant d'énergie que par le biais d'autres moyens. Remplacer l'électricité produite via une centrale nucléaire par des éoliennes nécessiterait par exemple de couvrir des centaines d'hectares de ces infrastructures. Et au regard des réticences politiques et citoyennes de plus en plus virulentes contre ce genre de projets en raison de la défense du paysage, le combat est loin d'être gagné.

Enfin, et comme pour la totalité des énergies, la fabrication des éoliennes et des panneaux solaires engendre non seulement un grand nombre d'externalités négatives sur les plans environnementaux et sociaux (extraction des minerais, transports, fabrication, bétonisation, etc.), mais implique également des quantités importantes de ressources dont la disponibilité décroît avec le temps, comme nous le verrons dans le prochain chapitre.

Bref, encore une fois, l'idée ici n'est pas de diaboliser les énergies renouvelables. Mais force est de constater qu'imaginer la poursuite de nos modes de production, de notre train de vie et de nos imaginaires hyperconsuméristes rien qu'en remplaçant des énergies fossiles par des renouvelables se révélera rapidement impossible en raison de contraintes physiques irrémédiables. Comme nous le rappelle fréquemment Jean-Marc Jancovici, un monde 100 % a déjà existé : c'était celui d'avant la révolution industrielle.

Voitures électriques, 5G et autres légendes

Ce tour d'horizon vient grandement relativiser certaines idées très en vogue dans les milieux politiques et économiques dominants, telles que la généralisation de la voiture électrique, le développement de villes intelligentes, le déploiement de la 5G, l'accélération de la numérisation de la vie quotidienne, le passage au tout hydrogène[1], etc. Nous reviendrons plus tard sur l'impossibilité physique de déployer ces technologies à grande échelle mais soulignons d'ores et déjà qu'elles nécessiteraient un fort accroissement de la demande en électricité. Dans les opinions publiques, cette dernière est souvent perçue comme « propre », quand bien même sa production ne l'est pas. Comme le souligne Victor Court, « sa caractéristique la plus avantageuse réside dans son caractère éminemment transportable. Par l'action d'un simple interrupteur, l'électricité produite à des centaines de kilomètres grâce à la combustion d'énergie fossile est immédiatement disponible, et elle semble

1. L'hydrogène n'existant pas sur la planète, il faut donc le produire à base d'une autre énergie primaire, souvent du gaz.

propre[1] ». Et quand bien même elle serait produite à base de nucléaire ou de renouvelables, ces vecteurs moins « pratiques », la généralisation de ces technologies nécessiterait la construction d'infrastructures considérables (et donc très gourmandes en matières premières), telles que des centres de données numériques, des bornes électriques, des pylônes et nouvelles lignes à haute tension, pléthore d'objets connectés. Sans oublier le remplacement de centaines de millions de véhicules. Une fois la totalité de ces éléments admis, on comprend aisément les difficultés auxquelles se heurtent nos sociétés hypercomplexes pour sortir d'un système englobant l'ensemble de nos activités quotidiennes.

Tirer l'énergie du vivant ?

Ce panorama ne serait pas complet sans évoquer la biomasse, fournisseur d'énergie (notamment via le bois de chauffage) depuis des temps immémoriaux. L'on pourrait inclure dans cette catégorie les fameux agrocarburants, un temps évoqués comme une solution miracle. Mais au risque de se répéter, la réalité physique vient grandement tempérer l'euphorie quant à la poursuite de notre modèle fondé sur le déploiement de ces énergies. Car comme le rappelle Matthieu Calame, spécialiste de l'agroécologie, « il faut être prudent quand on qualifie d'énergie "renouvelable" la biomasse : elle ne l'est qu'à condition expresse que le prélèvement n'excède pas les capacités de l'écosystème (les forêts pour le bois-énergie

1. Victor Court, *op. cit.*, p. 297.

et les sols pour les agrocarburants)[1] ». Or, la déforestation et la désertification sont toutes deux des phénomènes en expansion, expansion qui menace de s'accentuer selon les prévisions climatiques (perturbations du cycle de l'eau, transformation des forêts en savanes, feux de forêts, insectes ravageurs, etc.). C'est d'autant plus vrai qu'en ce qui concerne le bois-énergie, ce dernier entre en concurrence avec de nombreux autres usages de la forêt (bois d'œuvre, plantations agricoles intensives, exploitation minière, etc.). Par conséquent, il est difficilement envisageable d'accroître encore la pression sur les écosystèmes forestiers à des fins énergétiques (excepté dans des zones localisées au sein desquelles il existe une gestion durable des forêts).

Quant aux agrocarburants, au-delà de l'aberration consistant à détourner la production alimentaire vers des cultures destinées à finir dans un réservoir de voiture, les quantités requises exigent d'eux une production intensive épuisant les sols et contribuant à la déforestation. Et même pour ceux dits de « deuxième génération », à savoir produits à partir de « déchets » végétaux, ils ne contribuent actuellement que pour une infime partie du total des carburants utilisés. D'après Victor Court, « même si une expansion rapide par un facteur 1000 devait se produire en une décennie, ils n'atteindraient que 5 % de la demande actuelle de carburants pour les transports[2] ». Pis encore, en calculant le bilan entre l'énergie requise pour leur récolte, leur transport et

1. Matthieu Calame, *La Révolution agro-écologique. Se nourrir demain*, Paris, Seuil, 2023.
2. Victor Court, *op. cit.*, p. 427.

leur transformation, et celle récupérée, on arrive à un taux de retour énergétique plafonnant à 10 :1 en zone tropicale et à 3 :1 en zone tempérée[1].

L'impossible transition ?

Nous avons déjà esquissé la difficulté (voire l'impossibilité) à remplacer des centaines de millions de voitures par des véhicules électriques. Mais ce qui est vrai pour les automobiles l'est également pour les camions, les avions, les bateaux, etc. Ce qui nous conduit à relativiser une notion à la mode, celle de transition énergétique. Ce concept, adopté par la quasi-totalité du spectre politique, occulte ainsi deux réalités dont cette fameuse inertie qui caractérise nos systèmes énergétiques et économiques. Car quand bien même nous découvririons une énergie miracle, qu'en serait-il des délais et des faisabilités pour remplacer tous les éléments de nos sociétés qui émettent des émissions de gaz à effet de serre ? Outre la flotte astronomique de véhicules (plusieurs milliards), que deviendrait le secteur minier (dont il sera question dans le prochain chapitre) ? La production de ciment et d'acier ? Le système agroalimentaire ? Le fonctionnement du réseau internet ? On le voit, un système se définit par des relations complexes et interconnectées au sein desquelles il est très difficile de remplacer un élément (qui plus est aussi important que l'énergie) par un autre. Citons de nouveau Victor Court : « Ce sont les infrastructures aux durées de vie très longues – les

1. Philippe Bihouix, *op. cit.*, p. 64.

bâtiments, les équipements industriels lourds (sidérurgie, chimie, pétrochimie) ou collectifs (traitement de l'eau, hôpitaux, stations d'épuration) et bien sûr les infrastructures énergétiques (centrales, réseaux électriques, pipelines, raffineries) et de transports (routes, voies ferrées, canaux, ports) – qui sont les véritables marqueurs du paradigme technique dans lequel une société se trouve. Tous ces "parcs" installés impliquent une grande inertie quand il s'agit de changer l'existant pour réaliser une transition vers un monde plus durable[1]. » Et cette inertie est d'autant plus grande que les besoins et la consommation d'énergie sont importants. Les délais d'une hypothétique transition à l'échelle mondiale, ou même régionale, seront donc bien plus longs que quiconque pourrait l'imaginer.

Par ailleurs, le concept même de transition a du mal à trouver un équivalent dans l'histoire globale, excepté pour des régions circonscrites (tout au plus à l'échelle d'un pays). Car loin de se substituer, les énergies ont eu plutôt tendance à s'additionner. En d'autres termes, les énergies du passé s'utilisent toujours au présent, voire dans des quantités supérieures. Certains seraient ainsi peut-être surpris d'apprendre que le charbon est encore aujourd'hui une des deux énergies les plus utilisées dans le monde. Si l'on pense en premier lieu à la Chine en se disant que ce n'est qu'une question de temps avant que l'Empire du Milieu ne « rattrape » les pays « développés » et adopte un régime énergétique plus « moderne », c'est oublier que nombre de ces derniers brûlent encore massivement du charbon tels que la Pologne,

1. Victor Court, *op. cit.*, p. 419.

l'Allemagne, l'Australie ou encore les États-Unis. Et même dans des pays où la transition a eu lieu (France, Belgique), on est en droit de se demander si elle eût été possible sans délocaliser une partie de notre tissu industriel vers des pays à bas salaires, justement ceux encore fortement dépendants du charbon.

Pour en revenir à la transition à venir, gardons à l'esprit que les énergies renouvelables telles que nous les concevons aujourd'hui s'inscrivent avant tout au sein d'infrastructures liées de près ou de loin aux énergies fossiles (installations électriques, fabrication d'éoliennes et de panneaux solaires, extraction des minerais, construction de barrages, etc.). Dans notre système actuel et dans la majorité des perspectives évoquées de part et d'autre, ce sont encore bel et bien les énergies fossiles qui donnent leur potentiel aux renouvelables.

L'idée d'inertie qui caractérise un régime énergétique se comprend également au regard de contraintes autres que techniques, contraintes qui peuvent s'exercer par rapport :

a) aux prix : une énergie moins chère sera le plus souvent favorisée, qui plus est dans un contexte de paupérisation. À l'inverse, des techniques à visée écologique (telles que la séquestration du carbone) peuvent renchérir le prix de l'énergie ;

b) aux comportements individuels : serions-nous prêts à nous passer d'électricité lors de périodes de faible ensoleillement, à accepter de baisser notre utilisation au profit de secteurs vraiment essentiels ?

c) à l'acceptation sociale : serions-nous prêts à voir construire des éoliennes, une centrale nucléaire ou un centre d'enfouissement des déchets radioactifs dans notre environnement proche ?

d) à des effets de rétroaction difficiles à prévoir : se passer d'une énergie risque d'accentuer l'utilisation d'une autre, voire d'augmenter les tensions sur cette dernière.

En résumé, si transition il doit y avoir, il va falloir urgemment l'organiser et surtout planifier les changements et perturbations à venir. Nous l'avons vu, l'énergie n'est pas un élément parmi d'autres dans l'équation économique mais la condition *sine qua non* de toute activité humaine. Or, il semblerait bien que l'époque d'une énergie abondante et facile d'accès soit définitivement résolue. Cela implique donc d'en faire le plus rapidement son deuil et d'envisager toute politique présente et future à travers ce prisme. C'est d'autant plus important que les tensions d'approvisionnement vont concerner beaucoup d'autres secteurs que l'énergie, et notamment celui des ressources minérales.

2

Tout n'est que matières

C'est une des zones les plus arides de la planète. Nous ne sommes pas dans le désert du Sahara mais dans celui d'Atacama au Chili. Les gouttes s'y évaporent avant même de toucher le sol. Pourtant la plus grande mine de cuivre à ciel ouvert du monde, le complexe de Chuquicamata, a besoin de 2 000 litres d'eau par seconde (soit la consommation moyenne quotidienne de 48 000 Français !). Cela afin d'y extraire 30 % de la consommation mondiale en cuivre. La mine fonctionne 24 heures sur 24 et 7 jours sur 7. Dans le trou gigantesque déjà effectué, on pourrait empiler 5 000 paquebots. Chaque jour, un ballet incessant de camions mastodontes descendent et remontent la pente dangereuse où nombre d'accidents se produisent, coûtant la vie à des hommes. Mais il faut creuser toujours plus profond dans les entrailles de la Terre à grands coups d'explosifs pour perforer des galeries permettant d'aller chercher le précieux filon, toujours plus difficile à extraire. Quitte à déplacer toute une ville plus loin. À mettre en danger la santé des mineurs par les émanations toxiques du complexe. Et à polluer encore davantage de cours d'eau et de sols. Parce qu'il faut bien alimenter nos grille-pains !

À côté du pétrole, les minerais (et les métaux en particulier) constituent le deuxième socle de notre société moderne. Utilisés depuis des millénaires, leur extraction et leur consommation ont explosé depuis la révolution industrielle et surtout depuis les années 1950. La dynamite, la machine à vapeur pour pomper les eaux puis le moteur diesel et la pléthore de machines qu'il alimente vont considérablement faciliter l'exploitation de minerais et permettre celle de gisements plus difficiles et moins concentrés[1]. Avec pour conséquence le caractère exponentiel de la croissance de leurs usages du fait des évolutions technologiques et matérielles. Les minerais sont littéralement partout autour de nous, notamment dans des endroits insoupçonnables.

Spontanément, l'on pense évidemment aux grandes infrastructures (telles que les bâtiments, routes, installations électriques, usines), à la flotte de milliards de véhicules en tout genre transportant personnes et marchandises ou encore à l'ensemble des objets électroniques qui ponctuent dorénavant notre quotidien. Mais nous retrouvons aussi quantité de minerais dans la fabrication d'engrais (phosphate principalement), de produits cosmétiques (dentifrice, shampoing, maquillage...), de peintures et de plâtres, de contenants, de bijoux, de batteries électriques, d'éoliennes et de panneaux solaires, etc. Rien que pour avoir un ordre de grandeur, l'humanité a extrait plus de minerais ces cinquante dernières années que dans tout le reste de son histoire. Selon un rapport de l'ONU, ce ne sont pas moins de 50 milliards de tonnes de sable et de graviers qui sont utilisés chaque

1. Philippe Bihouix, *op. cit.*, p. 35.

année, dont environ 6 milliards directement prélevés au sein des fonds marins[1], avec des conséquences dramatiques pour la biodiversité et les ressources halieutiques. Ce sable entre en grande partie dans la composition du béton, associé à du ciment dont la production est passée de 200 millions de tonnes par an en 1950 à 4,4 milliards en 2019[2]. Par ailleurs, la totalité des minerais constituent des stocks limités par la géologie et ne sont donc pas renouvelables. Il va de soi que tôt ou tard (mais sans doute plus tôt que tard), cette extraction démesurée viendra se heurter à des limites physiques. Mais il importe avant cela de prendre en compte la réalité de l'activité minière.

L'industrie minière

Peu de personnes se rendent compte de ce que représente vraiment l'industrie minière. Loin des images d'Épinal de galeries souterraines creusées à la main (même si elles existent toujours), une majorité des minerais que nous utilisons sont extraits de manière industrielle, ce qui dépasse ce que l'on peut imaginer en matière d'impacts paysagers et environnementaux. L'activité minière ne se résume d'ailleurs pas au périmètre concerné (la cavité en tant que telle) puisque, comme toute autre activité, elle nécessite de nombreuses ressources et engendre des externalités. Nous l'avons déjà esquissé, la mine industrielle ne

---

1. « 6 milliards de tonnes de sable extraites des océans chaque année, estime pour la première fois l'ONU », *Libération*, 5 septembre 2023.

2. Anselm Jappe, *Béton. Arme de construction massive du capitalisme*, Paris, L'Échappée, 2020, p. 85.

pourrait exister sans énergies fossiles. Excavatrices, foreuses, concasseurs, broyeurs, marteaux piqueurs, grues, bulldozers, camions, autant de machines dont on peine à imaginer la taille et la puissance, et qui se révèlent indispensables à l'extraction (creusement de tunnels, arrachage et broyage de la roche), à l'évacuation, au transport (hors de la mine puis jusqu'aux régions consommatrices via les trains, camions ou vraquiers) et au raffinage du minerai. L'électricité est également nécessaire au fonctionnement quotidien de la mine, que ce soit pour l'éclairage des galeries, le travail de certaines machines, le concassage du minerai ou encore l'alimentation des lieux de vie et de gestion. L'énergie requise pour l'industrie minérale représenterait près de 8 % du total de l'énergie consommée dans le monde[1].

De la même façon que l'extraction du pétrole nécessite du pétrole, les équipements destinés à extraire des minerais nécessitent... des minerais. La fabrication des machines et autres dispositifs implique des grandes quantités de fer, d'acier, de cuivre, d'aluminium, de nickel, de zinc, etc. Bien que ces équipements aient une durée de vie relativement longue, leur production et leur retraitement sont loin d'être neutres quant aux impacts environnementaux.

Les mines, comme la quasi-totalité des activités humaines, ont également des besoins considérables

1. Sauf mention contraire, les chiffres évoqués dans ce chapitre sont tirés de différents rapports rédigés par l'association SystExt (Systèmes extractifs et Environnements). Leur site (www.systext.org) constitue une véritable mine d'or (sans jeu de mots !) pour quiconque s'intéresse au secteur minier et à ses conséquences.

en eau. Cette dernière est présente à toutes les étapes du processus puisqu'elle permet de limiter l'envol de poussières (notamment via l'arrosage des pistes) et fait partie de la plupart des procédés de traitement du minerai sans oublier le nettoyage des machines, des véhicules et des installations de surfaces telles que les bureaux, les logements, etc. Les quantités varient évidemment d'une mine à l'autre mais elles restent souvent astronomiques. À titre d'exemple, en 2015, les 3 165 tonnes d'or produites ont nécessité 821 millions de mètres cubes d'eau, ce qui équivaut à plus d'une fois et demie la consommation totale annuelle de la Belgique. En ce qui concerne le phosphate, une mine a en moyenne besoin de 21 millions de mètres cubes d'eau en une année.

De nombreux autres intrants entrent également dans le métabolisme minier, tels que le bois (consolidation des galeries, construction d'infrastructures, de charpentes, etc.) ainsi que quantité de produits chimiques utilisés dans le traitement (mercure, acides), les machines (huiles), la gestion des effluents (chaux) ou encore l'extraction proprement dite (explosifs).

Enfin, la mine s'inscrit au sein d'un écosystème plus large et nécessite des routes comme des installations électriques, ce qui va engendrer une perturbation, voire une destruction irréversible des paysages alentour (dans beaucoup de pays, les mines sont une des principales causes de la déforestation).

Si l'objectif d'une mine est évidemment de récupérer des matériaux qui seront utilisés pour toutes sortes d'usages, le résidu minier n'est malheureusement pas le seul produit sortant de l'activité minière.

Cette dernière engendre également de nombreux gaz à effet de serre (liés à la combustion des énergies fossiles), des poussières et des particules fines plus ou moins nocives, des rejets liquides et gazeux polluant durablement les rivières, les nappes phréatiques, les terres, etc. Dans de multiples mines, ces rejets sont accumulés et stockés, ce qui peut d'ailleurs se révéler catastrophique en cas d'accidents (ruptures de digues, infiltrations, secousses sismiques, inondations, etc.).

Par ailleurs, la concentration des minerais au sein des gisements est minime (parfois de l'ordre de quelques grammes par tonne). Bien que la plupart des mines soient dites polymétalliques, elles suscitent par conséquent des quantités astronomiques de déchets, lesquels sont la plupart du temps accumulés à proximité du site, avec parfois des conséquences environnementales et sanitaires désastreuses. C'est ainsi qu'une mine d'or de taille moyenne génère plus de 21 millions de tonnes de déchets par an.

Ce panorama montre bien qu'extraire des métaux n'est en rien anodin et qu'une exploitation minière respectueuse de l'environnement n'est rien d'autre qu'un nouvel oxymore. De ce fait, les prévisions futures visant à satisfaire une hypothétique transition énergétique et numérique sont proprement délirantes et ne feront qu'accentuer grandement l'ensemble des impacts ci-dessus. Et ce, sans compter les conséquences sociales pour les populations limitrophes...

Un secteur écocidaire

Le bilan écologique de l'activité minière est sidérant et peu d'autres activités peuvent égaler sa capacité de nuisance, tant pour les écosystèmes, les paysages, les ressources hydriques, la qualité de l'air ou encore le climat. De la Colombie au Mali, de l'Indonésie au Pérou, du Congo au Brésil, de la Zambie à la Thaïlande, ces nuisances ne sont pas des conséquences malheureuses mais entrent bel et bien au cœur du système minier.

Comme déjà évoqué, « la première victime de la mine est l'eau : de façon quantitative d'abord, en prélevant de façon excessive dans les eaux souterraines, de surface, voire des mers (de plus en plus d'exploitations minières chiliennes se tournent vers la désalinisation de l'eau de mer). Ensuite en altérant la qualité de l'eau, et ce via le déversement de résidus, de carburants ou d'intrants chimiques[1] ». Ces déversements peuvent être ponctuels ou réguliers, volontaires ou accidentels mais, d'après l'association SystExt, « ils font partie intégrante du fonctionnement du site[2] » et auraient concerné en 2013 près de 80 milliards de litres d'eau rien que pour 40 sites miniers.

Le climat n'est pas en reste puisque le secteur minier serait responsable de 4 à 7 % des émissions globales de gaz à effet de serre (les mines de fer, de charbon et d'aluminium étant les plus

---

1. www.systext.org/sites/all/documents/RP_SystExt_Controverses-Mine_VOLET-1_Nov2021_vf.pdf

2. *Ibid.*

contributrices). Au-delà de l'impact climatique, d'importantes pollutions de l'air émanent des sites miniers, notamment via les émissions de poussières chargées en métaux lourds et de gaz. À titre d'exemple, les émissions de SO_2 (dioxyde de soufre) provenant du site minier de Norilsk, en Sibérie, sont comparables au dégazage d'un volcan. Elles causent fréquemment la mort de la végétation ainsi que l'acidification et la stérilisation des sols. Il est important de noter que ces impacts peuvent perdurer des dizaines, voire des centaines d'années après la fin de l'exploitation du site.

Enfin, que serait la mine sans ces multiples va-et-vient quotidiens de camions reliant le site proprement dit aux autres composants des secteurs miniers et industriels (usines de traitement et de transformation, entrepôts de stockage, ports, etc.) ? Outre les nuisances directement provoquées par les véhicules, il faut tenir compte de l'impact considérable des millions de kilomètres de routes traversant, perturbant et fragmentant des écosystèmes d'une richesse biologique souvent inestimable. Qui plus est, la construction de routes constitue souvent l'avant-garde d'autres activités industrielles dorénavant encouragées par une plus forte accessibilité.

Le bilan humain n'est guère plus réjouissant, et pour cause : les nuisances évoquées ci-dessus ne sont pas acceptées de gaieté de cœur par les populations locales. Et quand elles le sont, c'est au prix de promesses souvent surestimées quant à de potentielles retombées économiques et création d'emplois (souvent sous-payés et exercés dans des conditions indignes).

Menaces, intimidations, assassinats, esclavage moderne, travail des enfants, autant de procédés à l'œuvre au sein de l'industrie minière aux quatre coins de la planète. Même sans avoir recours à ces pratiques, la mine reste le secteur avec les conditions de travail les plus dangereuses et dont les activités sont parmi les plus dévastatrices pour la vie sociale des régions concernées (déstructuration des activités traditionnelles, trafics, prostitution, tensions entre mineurs et agriculteurs, etc.). Soulignons d'ailleurs que les peuples autochtones ayant la malchance de se trouver dans des zones minières en sont souvent les premières victimes.

Bref, un bilan aussi hallucinant qu'occulté, non seulement par les industries minières (ce qui n'est guère étonnant) mais également par les grands médias, voire par de nombreuses associations environnementales. Sans doute parce que ces exactions se déroulent essentiellement loin des principaux lieux de consommation et de prospérité.

Contraintes minérales

Comme pour les énergies fossiles, la totalité des minerais n'est pas renouvelable puisqu'elle provient de variables géologiques datant de la création de la Terre. Par conséquent, la question de l'épuisement de telle ou telle ressource minérale obéit encore une fois à des réalités physiques et n'est donc qu'une question de temps. Ici encore, cela ne signifie en rien que nous allons épuiser l'intégralité d'une ressource (ce qui est d'ailleurs physiquement impossible), mais plutôt qu'au fur et à mesure de l'extraction, la teneur en minerais va diminuer et l'exploitation se révéler de plus en plus difficile et nécessiter en conséquence des coûts et des externalités plus importants.

Comparons une exploitation minière avec une boîte remplie de petites briques de couleurs différentes. Si nous décidons de retirer la totalité des briques d'une certaine couleur (mettons les vertes), les premières vont être faciles à extraire de la boîte. Mais au fur et à mesure, elles vont devenir de plus en plus rares en comparaison des briques d'autres couleurs. Il va donc nous falloir extraire un plus grand nombre de ces dernières pour trouver les briques vertes restantes. Pour le dire plus simplement, on va devoir creuser de plus en plus profond et produire de plus en plus de déchets pour récupérer de moins en moins de minerais. D'ores et déjà, « les nouvelles mines de cuivre contiennent un minerai à 0,5 % de concentration (5 kilogrammes par tonne), contre 3 % dans les années 1930 ; les nouvelles mines d'or contiennent 1 gramme par tonne de minerai, contre 5 dans les années 1950[1] ». Cette plus faible concentration va engendrer des coûts d'exploitation plus importants, mais aussi des quantités d'énergie plus grandes. Et ce, alors même que cette énergie se fait plus rare et que son exploitation nécessite une abondance de… minerais (5 % de tout l'acier mondial est consacré à l'exploration et l'exploitation pétrolière et gazière[2]).

---

1. Philippe Bihouix et Karine Mauvilly, *Le Désastre de l'école numérique. Plaidoyer pour une école sans écrans*, Paris, Seuil, 2016, p. 92-93.
2. Hugues Stoeckel, *La Faim du monde*, *op. cit.*, p. 103.

Outre l'énergie, nous avons vu que l'activité minière requiert d'énormes quantités d'eau, qui plus est quand le minerai devient de plus en plus rare. Avec les pénuries d'eau en croissance dans de nombreuses régions minières (Afrique du Sud, Australie, Chili, etc.), c'est ce manque qui pourrait réduire, voire empêcher la poursuite de l'extraction. Quant au dessalement déjà mentionné, cette technique nécessite une multitude d'énergies, ce qui n'augure pas de perspectives à grande échelle.

Tous ces éléments doivent donc être considérés au vu des effets d'annonce relatifs à la transition énergétique et numérique. Transition qui impliquerait d'ouvrir de plus en plus d'exploitations pour tenir les engagements, alors que les zones de stress hydrique augmentent, tout comme les protestations des populations contre ce genre de projets. Certains nous promettent d'importantes quantités à exploiter dans des milieux jusque-là épargnés, en particulier des zones naturelles (fonds marins, aires protégées, régions polaires), même si cette promesse risque de n'être qu'illusion car les minerais qui y sont présents sont souvent plus disséminés[1]. Or, c'est de leur concentration que la mine tire sa raison d'être. Un des espaces océaniques les plus « prometteurs » en termes de concentration de nodules polymétalliques est la zone de fracture dite de Clarion-Clipperton située au beau milieu du Pacifique. L'île de Nauru, tristement célèbre pour avoir sacrifié son économie, son environnement et sa stabilité socio-politique sur l'autel de l'extraction

1. *Ibid.*, p. 99.

de phosphate[1], est aux premières loges pour en remuer les fonds marins en raison de la proximité de sa zone économique exclusive. Mais d'aucuns pointent déjà le désastre écologique qu'une telle exploitation entraînerait, le lieu recelant plusieurs milliers d'espèces sous-marines encore inconnues.

Les fausses promesses du recyclage

Qu'à cela ne tienne, avec le recyclage, nous n'aurons bientôt plus besoin de défigurer l'environnement et de faire travailler des mineurs dans des conditions infâmes puisque les mines de demain se trouvent au fond de nos tiroirs, dans nos greniers et dans les déchetteries. Bref, au sein de nos vieux appareils et objets qui n'attendent qu'à être démantelés afin que soient récupérés les précieux minerais. Il va de soi que cette voie doit être à tout prix encouragée. Mais de nouveau, croire que l'on pourra poursuivre notre consommation immodérée de ressources minérales uniquement via cette solution est totalement illusoire et fait fi de plusieurs limites.

D'abord, une partie significative des minerais est utilisée sous forme d'alliage, ce qui rend compliqué, voire impossible, de les séparer et de les recycler. Et quand bien même les progrès technologiques le permettraient, ce serait incontestablement au prix de grandes quantités d'énergie et d'eau.

Une part non négligeable connaît un usage dispersif, c'est-à-dire qu'ils se perdent dans la nature

1. Luc Folliet, *Nauru, l'île dévastée*, Paris, La Découverte, 2009.

durant leur utilisation. C'est le cas de ceux présents dans les cosmétiques, les encres, les peintures, les pigments, les engrais, etc. Comme le résume l'ingénieur Philippe Bihouix, « à chaque cycle de consommation, on perd de manière définitive une partie des ressources[1] ».

Enfin, d'autres encore sont présents en quantités infinitésimales, ce qui engendre des processus de récupération bien trop complexes et donc des coûts financiers et énergétiques bien trop importants pour pouvoir être envisagés.

Surmonter ces contraintes (du moins en partie) implique de concevoir des objets : 1) plus solides, ce qui passe par des lois combattant l'obsolescence programmée, par l'extension de la période de garantie ainsi que par la lutte contre la publicité ; 2) moins complexes et, *de facto*, avec des fonctionnalités moins larges ; et 3) davantage démontables afin de faciliter la réparation et le remplacement de quelques composants au lieu de l'appareil dans son intégralité. Mais écrivons-le franchement, ces contraintes entrent en complète contradiction avec la tendance actuelle, celle des objets connectés, des promesses de digitalisation de tout ce qui peut l'être, des téléphones et voitures toujours plus « intelligentes », ce qui nécessite obligatoirement des pièces plus petites, des alliages plus élaborés et ainsi un recyclage plus difficile.

En outre, la promesse du recyclage devient un élément marketing utilisé par beaucoup d'entreprises afin de justifier une attitude écoresponsable

1. Philippe Bihouix, *op. cit.*, p. 68.

ainsi qu'un alibi chez de nombreux consommateurs pour justifier leurs achats. Rappelons que le recyclage ne constitue que la dernière étape d'une diminution de son empreinte écologique, après la réduction des objets achetés, leur réutilisation et leur réparation.

L'illusion numérique

Quand on parle de vulnérabilités industrielles, on ne peut faire l'impasse sur la numérisation croissante de notre société. L'industrie du numérique étant ultra dépendante du secteur minier (même si elle ne l'expose pas), ce chapitre constitue l'endroit idéal pour le rappeler. Bien entendu, tout ce qui précède va rendre très compliqué (voire impossible) l'accroissement et la généralisation de cette numérisation à l'ensemble du monde. Ce sont pourtant ces perspectives qui sont rappelées sans cesse (même implicitement), non seulement par les fameuses GAFAM, mais également par la plupart des entreprises et des gouvernements. On nous promet toujours plus de digitalisation, d'objets connectés aussi inutiles qu'écologiquement aberrants, de *smart cities*, etc. De nouveau, ces perspectives sont totalement hors sol et occultent les impacts évoqués ci-dessus. Grâce au travail de plusieurs chercheurs, on commence enfin à cerner les réalités physiques sur lesquelles repose le numérique et, par là, à lever le voile sur son caractère prétendument écologique et « immatériel ». Drôle d'immatérialité quand on sait qu'un smartphone nécessite

54 éléments minéraux pour sa fabrication[1] ! Ou que derrière un ordinateur portable de deux kilogrammes se cachent 22 kilogrammes de produits chimiques, 240 kilogrammes de combustibles et 1,5 tonne d'eau[2]. À elle seule, l'industrie du numérique siphonnerait pas moins de 12,5 % de la production mondiale de cuivre et de 7 % de celle d'aluminium[3]. Car au-delà des appareils, le numérique s'appuie également sur des infrastructures-réseaux, des câbles sous-marins, des centres de données, des antennes, etc. Tout ce système absorberait actuellement 10 % de l'électricité mondiale, chiffre qui pourrait croître jusqu'à 25 % d'ici 2025[4]. Sans oublier la difficulté que pose le recyclage des supports du numérique, principalement en raison de leur complexité croissante et de leur taille toujours plus réduite (et encore accentuée par l'obsolescence programmée). Résultat : toujours au niveau mondial, seulement 20 % des déchets électroniques seraient récupérés et recyclés, le reste finissant au mieux dans les tiroirs des consommateurs, au pire dans des décharges à ciel ouvert au sein de pays plus pauvres où les normes écologiques sont moins contraignantes (Chine, Ghana, etc.). Ces éléments relativisent les promesses quant à des perspectives de croissance physiquement soutenables, comme socialement et écologiquement tolérables au regard des quantités

1. Guillaume Pitron, *L'Enfer numérique. Voyage au bout d'un like*, Paris, Les liens qui libèrent, 2021, p. 330.
2. Guillaume Faburel, *Indécence urbaine. Pour un nouveau pacte avec le vivant*, Paris, Flammarion, p. 112.
3. Guillaume Pitron, *L'Enfer numérique*, *op. cit.*, p. 60.
4. *Ibid.*, p. 44-45.

de minerais qui devront être extraites pour satisfaire ces engagements.

Cependant, la vulnérabilité liée au numérique ne se limite pas à ces considérations (pourtant déjà convaincantes !). Car si le numérique peut incontestablement nous faciliter la vie, son utilisation n'est pas exempte d'effets pervers, en particulier via la création d'une surcharge digitale (combien de mots de passe variés nous faut-il ? Combien de mails devons-nous envoyer pour résoudre de simples problèmes ? Par combien d'opérateurs différents devons-nous passer pour poser une simple question ?) et surtout d'une ultra-dépendance de l'ensemble des secteurs à ces technologies. À tel point que la totalité des infrastructures qui nous sont indispensables se révéleraient dorénavant incapables de fonctionner en cas de panne internet : administrations, écoles, hôpitaux, supermarchés, entrepôts logistiques, mais aussi complexes portuaires, aéroports, usines, raffineries, stations-service, institutions bancaires, etc.

Contrairement à un imaginaire post-apocalyptique, le réseau internet est assez résilient et, de par sa nature, assez décentralisé. Le risque de coupure globale est donc peu probable, si ce n'est en raison d'événements rares (mais pas impossibles) tels qu'une éruption solaire majeure provoquant des orages magnétiques[1]. Ce qui est en revanche

1. Cela s'est produit en 1859 et a eu comme principale conséquence un arrêt du fonctionnement de tout le réseau télégraphique de l'hémisphère Nord. Cet événement est nommé « de Carrington », du nom de l'astronome anglais ayant fait le lien entre cette catastrophe et l'activité solaire. Si un

envisageable, ce sont des perturbations locales ou régionales en raison d'épisodes météorologiques extrêmes, de pannes électriques, de cyberattaques, d'erreurs humaines ou d'attentats terroristes. Ces dernières années, plusieurs événements ont déjà mis au jour les failles du système et leurs conséquences potentiellement dramatiques.

En 2017, une panne géante touche un *data center* de la compagnie British Airways, ce qui conduit à l'annulation de 400 vols et bloque 75 000 passagers dans les aéroports londoniens de Heathrow et Gatwick, un événement qui a évidemment coûté des centaines de millions de dollars à l'entreprise[1]. Même scénario aux États-Unis en janvier 2023 avec l'annulation de plus de 1 300 vols en raison d'une panne informatique géante[2].

En mai 2022, l'intercommunale de soins de santé Vivalia, dans le sud de la Belgique, a subi une cyberattaque de grande ampleur avec demande de rançon. Résultats : perturbation du fonctionnement de plusieurs hôpitaux de la région, reports d'interventions chirurgicales et de consultations, paralysie dans la gestion des dossiers médicaux, arrêts des prescriptions médicamenteuses, blocage des dossiers du personnel. L'issue de cette attaque (paiement ou non de la rançon) n'a pas été confirmée mais ces désagréments ont duré plusieurs mois.

---

phénomène de cette ampleur devait se produire aujourd'hui, les conséquences sur les infrastructures de communication seraient cataclysmiques (perturbations des systèmes électriques, bancaires, etc.).

1. Guillaume Pitron, *L'Enfer numérique*, *op. cit.*, p. 142.
2. *Le Monde*, 11 janvier 2023.

En outre, dans un contexte de tensions géopolitiques accrues, les cyberattaques font dorénavant partie intégrante de l'arsenal militaire de la plupart des gouvernements et/ou groupes rebelles. Les exemples énoncés ci-dessus risquent par conséquent de se multiplier dans les années à venir.

Toujours en 2022, une éruption volcanique aux îles Tonga (Polynésie) a rompu le seul câble sous-marin reliant le territoire au réseau internet, privant de la sorte les habitants de l'essentiel des services numériques durant plusieurs semaines. Cette mésaventure a également touché une partie de la Géorgie en 2011 après qu'une dame de 75 ans a sectionné un tronçon du principal câble reliant l'État au réseau internet mondial[1].

Encore aujourd'hui, la majorité du trafic internet s'effectue par câbles sous-marins. L'approvisionnement général semble assuré, notamment via de multiples connections, mais certaines zones plus isolées ne dépendent que d'un ou de quelques câbles, les rendant plus vulnérables en cas d'accident ou d'attaque volontaire sur des installations sous-marines. Tout comme certains détroits, empruntés par quantité de câbles stratégiques et qui peuvent ainsi constituer de véritables goulets d'étranglement[2]. Plus généralement, certains chercheurs mettent en garde contre une « pénurie de capacités », c'est-à-dire une surcharge du réseau en raison de l'augmentation exponentielle du trafic internet mondial[3] et du manque

1. Jean-Noël Lafargue et Mathieu Burniat, *Internet. Au-delà du virtuel*, Bruxelles, Le Lombard, 2017.
2. Guillaume Pitron, *L'Enfer numérique*, *op. cit.*, p. 281.
3. *Ibid.*, p. 281.

d'investissement pour la construction et l'installation de nouveaux câbles sous-marins[1]. Cela nous rappelle que le virtuel repose *in fine* encore et toujours sur des infrastructures bâties au sein du monde réel... Et qu'il dépend encore et toujours de ses contraintes physiques. C'est ainsi que les sécheresses successives qui frappent de nombreuses régions des États-Unis altèrent le fonctionnement des *data centers* puisque ces derniers ont de gros besoins en eau pour être refroidis en permanence. Un centre de données moyen absorberait près d'un million de litres d'eau en une seule journée[2].

Ainsi, et quand bien même la majorité des données stockées dans le cyberespace le sont à plusieurs reprises et dans différents endroits (ce qui accroît encore leur quantité), l'interconnexion croissante qui caractérise nos systèmes n'exclut pas que de futurs dérangements localisés débouchent rapidement sur des perturbations à plus grande échelle, en particulier pour les chaînes d'approvisionnement.

Et le bois dans tout ça ?

Ce panorama ne serait pas complet sans évoquer le bois, élément central à la fois dans les domaines énergétiques mais aussi industriels ainsi que pour le bon fonctionnement de nos

1. *Business AM*, « L'internet européen menacé : vers une pénurie de câbles sous-marins à l'horizon 2030 », 15 septembre 2022.
2. *Business AM*, « La sécheresse menace les centres de données des géants de la tech », 16 novembre 2022.

chaînes d'approvisionnement. Cet élément naturel se décline de multiples façons et nous facilite grandement la vie, d'abord sous forme énergétique bien sûr. Depuis 450 000 ans, le bois-énergie, à travers le feu, fournit chaleur, lumière, cuisson et arme à notre espèce, ce qui a sans aucun doute permis notre accession au sommet de la chaîne alimentaire. Aujourd'hui encore, des millions de personnes dépourvues d'électricité satisfont leurs besoins quotidiens élémentaires à l'aide de cette énergie trop souvent considérée comme renouvelable. En effet, si les forêts se régénèrent, c'est évidemment à un rythme bien plus long que celui auquel elles sont coupées.

Certes, la déforestation existe depuis des millénaires et aurait d'ailleurs contribué à la chute de plusieurs civilisations dans l'Histoire. L'Europe elle-même, sans l'exploitation d'espaces forestiers situés sous d'autres latitudes, se retrouverait avec un couvert bien moindre. Avec l'invention de la tronçonneuse puis de machines pouvant débiter des grumes à une vitesse inégalée, abattre des arbres et en faire des dérivés peut s'effectuer plus facilement et surtout à un rythme bien plus rapide (couper un arbre avec une tronçonneuse se fait de 100 à 1 000 fois plus vite qu'avec une hache, et donc nécessite une quantité équivalente de travail humain en moins[1]). Avec l'explosion démographique et l'avènement de la société de consommation, aux usages habituels tels que le chauffage

1. John R. McNeill, *Du nouveau sous le soleil. Une histoire de l'environnement mondial au XXe siècle*, Seyssel, Champ Vallon, 2010, p. 408.

(également décliné sous forme de charbon de bois ou de granulés), la construction, la fabrication de meubles ou de papier, en forte augmentation à eux seuls, s'en sont ajoutés d'autres comme la fabrication de palettes (en France, ce marché représente 20 % des sciages et le nombre de palettes en circulation dans le monde est estimé à 8 milliards[1]), de tonneaux, de bouchons ou d'emballages cartons (de nos jours, près des trois quarts de la production de papier-carton sont utilisés dans le conditionnement[2]). Ces éléments viennent encore tordre le cou aux idées de dématérialisation ou de e-commerce écologique. À noter que si, en France, un peu plus de 60 % du papier-carton est recyclé[3], ce processus est très gourmand en eau, ce qui ne sera pas sans poser problème prochainement.

En parallèle, la filière-bois périclite et le nombre de scieries diminue d'année en année (en France, on a assisté à une réduction par dix depuis soixante ans[4]). Cette volonté s'effectue encore une fois au nom d'une certaine idée de la mondialisation, qui considère comme normal d'abattre des arbres en France ou en Belgique avant de les expédier par conteneurs via le port d'Anvers jusqu'en Chine où ils seront traités et transformés en produits divers. Outre la perte de savoir-faire dans nos régions et l'aberration écologique derrière cette situation, c'est une dépendance de plus vis-à-vis de l'étranger qui se

---

1. Agnès Stienne, *Bouts de bois. Des objets aux forêts*, Paris, Zones, 2023, p. 17 et 21.
2. *Ibid.*, p. 168.
3. *Ibid.*, p. 167
4. *Ibid.*, p. 128.

crée. Dépendance qui concerne d'ailleurs de multiples produits cités ci-dessus : charbon et granulés de bois, bouchons, meubles, pâte à papier, autant de produits en partie importés permettant à nos pays de soulager les écosystèmes forestiers.

Encore une fois, ces besoins s'inscrivent dans un contexte de tensions sur l'offre, notamment en raison de risques croissants de sécheresses (rendant les arbres plus fragiles), d'organismes ravageurs (plus redoutables dans des monocultures et contre des arbres affaiblis) et d'incendies. Or, il est difficile d'envisager des chaînes d'approvisionnement sans palettes, papiers, cartons, et autres fûts ou tonneaux. Par conséquent, croire que le bois pourra nous permettre indéfiniment de surmonter nos contraintes énergétiques et matérielles fait de nouveau fi des réalités physiques qui s'imposent à toute organisation industrielle.

3

La conteneurisation du monde

Jeroen ne sait plus comment faire. Sa compagnie lituanienne Girteka, qui emploie 18000 camionneurs, rallie chaque jour la Lituanie au reste de l'Europe. C'est la plus grande société de fret routier, pour ce qui est des actifs, en Europe. Seulement voilà, la guerre en Ukraine a vu s'envoler 2000 de ses gars, retournés se battre au pays. Et 30 % de ses conducteurs sont âgés de plus de 55 ans et approchent de l'âge de la retraite. Alors, chaque semaine, c'est le casse-tête : recruter 150 routiers de plus. Quitte à aller les chercher loin, très loin : au Kirghizstan, au Kazakhstan, au Moyen-Orient et même en Asie. Et à s'arranger avec la réglementation. En 2021, son entreprise a été verbalisée plus de vingt fois pour cabotage illégal en Norvège. Ainsi, Girteka dispose dans les faits d'une flotte de véhicules et de conducteurs installés en permanence en Norvège mais qu'elle paie avec des salaires lituaniens. Pour faire face à la concurrence, l'entreprise a par ailleurs lancé, en 2021 toujours, une offensive sur ses prix, avec des rabais allant jusqu'à 35 %, principalement sur le marché français ou en transit à travers l'Hexagone. Un moyen pratique d'éviter les si coûteux retours à vide.

La logistique[1]. C'est le maître mot de nos modes de vies hyperconfortables dans lesquels il suffit de parcourir quelques kilomètres, voire d'effectuer quelques clics, pour se procurer tout ce dont nous avons besoin, et ce, quelle que soit la provenance des articles désirés. Nous l'avons vu, loin de la dématérialisation promise, notre mode de vie dépend d'infrastructures bien réelles mais aussi de flux permanents de biens et de marchandises. Nous sommes donc passés d'une société de stocks à une société de flux. Cette organisation a essentiellement été permise par les progrès dans l'outillage (invention du chariot élévateur et généralisation de la palette[2]) et les transports, eux-mêmes fruits de l'utilisation des énergies fossiles. Car aujourd'hui, la quasi-totalité des biens que nous consommons ont transité (plusieurs fois dans de nombreux cas) par un camion et/ou un navire. Et ce, avant d'arriver dans nos supermarchés et autres centres commerciaux.

Vive les supermarchés !

Pour une majorité d'entre nous, l'essentiel des achats s'effectue encore dans des supermarchés. À l'échelle de la France, seuls 8 % de la population se rendent principalement dans des petits commerces

1. Entendue comme l'ensemble des activités consistant à planifier la production, le stockage, le transport et la livraison des différents biens et services. Marc Levinson, *The Box. Comment le conteneur a changé le monde*, Paris, Max Milo, 2011, p. 423.

2. Mathieu Quet, *Flux. Comment la pensée logistique gouverne le monde*, Paris, Zones, 2022, p. 27.

de proximité pour leurs achats courants[1]. Nous sommes tous familiers de ces espaces singuliers dans lesquels des milliers de produits s'amoncèlent, bien rangés dans différents rayons thématiques. À tel point qu'il est quasi impossible de se procurer autant de biens en dehors de ces temples de la consommation. Mais qui s'est déjà posé la question de l'organisation et de la logistique que ces supermarchés requièrent ? Ou celle des risques et des conséquences pouvant survenir en cas de rupture d'approvisionnement ? Certes, quelques événements ponctuels peuvent nous faire prendre conscience de la fragilité de ce modèle en cas de perturbation, voire de simples rumeurs. On a tous en tête les images de hordes de clients se ruant vers le papier toilette ou les pâtes lors des confinements liés au Covid-19. Ou le même genre de scènes à la suite de ristournes sur certains produits tels qu'une célèbre pâte à tartiner. Mais une fois ces événements passés, la plupart d'entre nous retournent tranquillement faire leurs courses avec une facilité déconcertante.

Pourtant, le magasin n'est en réalité que la dernière étape d'une longue chaîne d'approvisionnement (*supply chain*), composée de producteurs et d'entrepôts souvent situés à des centaines, voire des milliers de kilomètres les uns des autres. Ces *supply chains*, quelle que soit leur échelle d'existence,

1. Jérôme Fourquet et Raphaël Llorca, *La Société de supermarché. Rôle et place de la grande distribution dans la France contemporaine*, Paris, Fondation Jean Jaurès, 2022, www.jean-jaures.org/publication/la-societe-de-supermarche-role-et-place-de-la-grande-distribution-dans-la-france-contemporaine

fonctionnent pour l'essentiel en étoile avec comme principe de base la concentration des activités de même nature. Tout part d'un endroit où l'on centralise la production d'une matière première et d'où les ressources extraites vont être acheminées vers des centres de transformations (usines de fabrication, d'assemblage, d'emballage, etc.). Chacune de ces unités va ensuite envoyer sa production vers des centres de tri ou de stockage (parfois en passant par d'autres étapes de transformation ou d'assemblage). Matérialisés sous la forme de gigantesques hangars souvent situés à proximité des axes autoroutiers, ces centres de logistique occupent, rien que pour la France, une surface de plus de 80 millions de mètres carrés et emploient pas moins de 13 % de la population ouvrière du pays (soit 700 000 personnes)[1]. Ces entrepôts vont à leur tour expédier l'ensemble des biens stockés soit directement aux consommateurs (via le commerce en ligne), soit via les grandes surfaces, lesquelles constitueront le cœur de la dernière étoile (ses branches étant les clients rapportant leurs achats à leur domicile). Nous reviendrons sur les premiers maillons de la *supply chain* mais, en ce qui concerne ces dernières étapes (entreposage et consommation), bénéficier de produits en permanence et en abondance implique des va-et-vient de camions quasi quotidiens, sans quoi l'existence même du supermarché serait compromise. Pour s'en convaincre, il suffit de voir à quelle vitesse certains rayons se vident à la suite de perturbations d'approvisionnement (grève, aléa climatique, accident, etc.) ou même de simples phénomènes de panique chez

1. Mathieu Quet, *op. cit.*, p. 24-25.

des consommateurs désirant faire des réserves. Ainsi, dans leur immense majorité, les supermarchés sont approvisionnés plusieurs fois par semaine, voire pour les plus fréquentés, plusieurs fois par jour. Si ces lieux nous offrent un mode de consommation inégalé dans l'Histoire en matière de facilité et de confort, ils n'en demeurent pas moins très vulnérables car dépourvus d'autonomie.

Les routiers sont sympas[1]

Comme évoqué, ce fonctionnement en étoile ne pourrait fonctionner sans des transports efficaces et relativement bon marché (le flux doit être moins cher que le stock). À l'échelle nationale, ce sont surtout les camions qui vont se charger d'acheminer tout ce qui peut l'être entre les différentes étapes (usines, magasins, domiciles, terminaux, ports, etc.). Si le fret ferroviaire est plus efficace sur de longues distances, le transport par camion lui est souvent préféré pour deux raisons principales. *Primo*, l'accessibilité : alors que la totalité du territoire est desservi par des routes, il n'en est pas de même pour le rail (souvent en raison d'un désinvestissement, voire d'un démantèlement, des infrastructures par nos gouvernements depuis l'avènement du transport routier). *Secundo*, la flexibilité : le transport ferroviaire nécessite en effet plus de régularité en raison de l'inertie de ce moyen de transport. Le fret routier, quant à lui, a l'avantage de se constituer en

1. *Les Routiers sont sympas* était une émission radiophonique diffusée sur RTL entre 1972 et 1983.

de petites unités de transport permettant plus facilement de faire face aux variations quotidiennes en termes de demande. En définitive, « le transport de marchandises par la route est mieux adapté au système technique liant la maison de banlieue, les entrepôts logistiques, le supermarché et le centre commercial[1] ».

Et l'on pourrait ajouter « au commerce en ligne ». Et tant pis si c'est en dehors de toute considération écologique (en France, 25 % des camions roulent à vide[2]) et au détriment des conditions de travail des chauffeurs. Et ce, alors même que le métier de routier peine à attirer des candidats. Dans de nombreuses entreprises, l'âge moyen approche de celui de la retraite, et la relève a du mal à suivre. Les causes sont multiples et sont évidemment à chercher dans les inconvénients inhérents au métier : isolement et solitude, difficultés à combiner vie de famille et travail, impossibilité de suivre la scolarité des enfants ou de prendre des rendez-vous en semaine (y compris médicaux), augmentation des temps d'attente dans des *no man's land* autoroutiers, problèmes sanitaires (manque de sommeil, sédentarité, maladies cardio-vasculaires). Ce genre de contraintes suffit à décourager beaucoup de potentiels candidats.

Mais les mutations sociétales contribuent à rendre le travail encore moins supportable. La numérisation à l'extrême supprime ce qui restait de lien social

1. Thibault Le Texier, *La Main visible des marchés. Une histoire critique du marketing*, Paris, La Découverte, 2022, p. 281.
2. Jean-Claude Raspiengeas, *Routiers*, Paris, L'Iconoclaste, 2020.

(plus besoin de téléphoner à son patron ou au client). La pression permanente liée au « zéro stock, zéro délais » efface toute solidarité entre routiers (plus le temps de s'arrêter pour venir en aide à un collègue). La fermeture nocturne des relais routiers ainsi que la diminution de leur nombre (cinq fois moins que dans les années 1960) entraînent une explosion de la malbouffe (moins chère qu'un repas dans un relais) chez les chauffeurs plus jeunes et étrangers. Les conditions d'accueil se dégradent (douches, sanitaires) dans les relais, quand elles existent encore (surtout pour les femmes). Sans oublier des salaires médiocres compte tenu des heures véritablement passées loin de chez soi (moins de temps de travail mais plus de temps à attendre) et de l'augmentation des contraintes (amendes, obligation de repasser le permis tous les cinq ans et de suivre cinq jours de formation pour environ 1 200 euros). En définitive, ces différents facteurs provoquent désillusion chez les plus jeunes et nostalgie chez les anciens.

Car le paradoxe du métier veut que, quand bien même le confort se soit amélioré, une majorité de chauffeurs regrettent les années passées. Certes, les camions étaient plus difficiles à conduire. Certes, les cartes routières faisaient office de GPS. Et certes, les heures de travail étaient plus longues. Mais le sentiment de liberté et d'aventure était au cœur du boulot.

Ainsi, les progrès technologiques sont aussi ceux de la géolocalisation et du tachygraphe (cet appareil qui note scrupuleusement les heures de roulage et qui peut aisément être vérifié par la police de la route). Plus question donc pour ces chauffeurs pistés en permanence de dépasser ne serait-ce que d'une demi-heure l'horaire prévu sous peine d'amendes. Le moindre imprévu (embouteillage, accident, mauvaises conditions météo) engendre un stress permanent quant à un retard de plus en plus difficile à rattraper. D'autant plus que de nombreux services de livraison au sein des entrepôts et des usines ferment à heure fixe. Aux chauffeurs d'arriver à l'heure. Les proches témoignent que, dorénavant, ils ont un chronomètre dans la tête.

Pour l'instant, le manque de chauffeurs nationaux est pallié par des homologues étrangers, moins payés, mais encore suffisamment par rapport aux salaires et au coût de la vie dans leur pays d'origine. Hier Portugais et Espagnols. Aujourd'hui Polonais, Slovaques ou Roumains. Mais demain ? D'ores et déjà, l'on assiste à des pénuries de chauffeurs en Europe ou aux États-Unis, ce qui n'est pas sans conséquence. En novembre 2022, ce sont ainsi des milliers d'automobiles qui s'entassaient dans le port allemand de Bremerhaven (quatrième port de porte-conteneurs d'Europe) en raison d'une pénurie de conducteurs de véhicules lourds[1]. Sans oublier que l'afflux de ces travailleurs dépend également du contexte géopolitique en vigueur. À titre d'exemple, au début de l'invasion russe en Ukraine, le secteur du transport routier craignait de voir partir près de 100 000 conducteurs ukrainiens mobilisés sur le front[2].

---

1. *Business AM*, 8 novembre 2022, fr.businessam.be/des-voitures-sentassent-en-masse-dans-une-ville-portuaire-allemande-un-desastre-pour-la-chaine-dapprovisionnement-mondiale

2. www.rtbf.be/article/guerre-en-ukraine-le-secteur-europeen-du-transport-craint-de-devoir-se-passer-de-100000-routiers-ukrainiens-10950629

Cette situation accentue par ailleurs la mise en concurrence des travailleurs de différents pays, certes à l'œuvre dans beaucoup de secteurs mais particulièrement celui du poids lourd. Dans ce domaine comme dans d'autres, le contrat de travail doit être signé dans le pays où le camion est immatriculé. Mais rien de plus facile que d'acheminer une marchandise via un transporteur étranger. C'est ainsi que nos autoroutes regorgent de poids lourds polonais, slovaques ou hongrois dont les chauffeurs sont payés trois à quatre fois moins que leurs homologues français ou belges. L'élargissement de l'UE et la fin de la tarification routière obligatoire ont facilité cette tendance, encore aggravée par le recours de plus en plus fréquent à des camionnettes bâchées, plus légères que les poids lourds et permettant d'échapper aux réglementations sociales et tarifaires.

Les conséquences sont dramatiques pour les chauffeurs et font obstacle à toute revendication collective pour une profession déjà très atomisée malgré sa capacité inégalée de perturber toutes les chaînes de production et d'approvisionnement du monde occidental. Le rapport d'un syndicat de routiers américains pointait les répercussions en cascade que pourrait entraîner une grève des chauffeurs, non seulement sur la disponibilité des biens, mais sur le fonctionnement global de la société : les stations-service étant également approvisionnées par camion, quelques jours peuvent suffire à les priver de carburant, empêchant de la sorte une majorité de gens de rejoindre leur lieu de travail, ce qui paralyserait *de facto* une partie de l'administration comme les systèmes éducatifs, hospitaliers, énergétiques, etc.[1].

Beaucoup d'interrogations subsistent ainsi quant à l'avenir du transport routier, et les transporteurs vont rapidement devoir faire face à de nombreux défis comme, en sus du manque de chauffeurs, la hausse des prix du carburant (poste souvent plus important que les salaires) mais aussi des pénuries de pièces compromettant le remplacement des véhicules en bout de course (tous les six ans environ). Actuellement, les délais pour l'achat d'un nouveau camion peuvent aller jusqu'à un an et demi. Il est donc très difficile pour les compagnies d'anticiper les évolutions prochaines, sans oublier les politiques qui devraient être mises en œuvre pour réduire les émissions de CO_2.

Un commerce mis en boîte

840 millions. C'est le nombre de conteneurs ayant transité par un port en 2021[2]. Révélateur de la mondialisation des échanges, cet objet en est l'un des principaux artisans. Popularisé par l'entrepreneur américain Malcolm McLean en 1956, le conteneur va s'imposer comme le moyen le moins coûteux pour transporter des marchandises aux quatre coins du globe. Bien cerner le bouleversement que cette boîte magique a entraîné implique de se représenter le chargement et le déchargement des navires

1. Pablo Servigne et Raphaël Stevens, *op. cit.*, p. 118-119.
2. donnees.banquemondiale.org/indicateur/IS.SHP.GOOD.TU

marchands avant la conteneurisation. Des dizaines de travailleurs robustes se passant l'un à l'autre des marchandises diverses avant de les empiler avec plus ou moins de difficultés en fonction du poids, de la forme, de la nature et du conditionnement des objets manipulés. Un bateau pouvait mettre plusieurs jours avant d'être vidé, ce qui impliquait autant de temps d'immobilisation au port. Une analyse effectuée en 1959 estimait que le temps passé à quai représentait 60 à 75 % du coût du transport d'une marchandise par voie maritime[1]. De ce fait, la question qui obsédait Malcolm McLean était : « Au lieu de charger, de décharger, de déplacer, puis de recharger des milliers d'articles en vrac, pourquoi ne pas disposer le fret dans de grosses boîtes et se contenter de les déplacer[2] ? »

Outre le gain de temps (aujourd'hui, un conteneur peut être chargé/déchargé toutes les 90 secondes), ce sont évidemment des économies d'argent que va permettre cette nouvelle méthode. Et pour cause, à la même époque, alors que charger du fret en vrac coûtait en moyenne 5,83 dollars la tonne, la même action via un conteneur revenait à 15,8 cents la tonne[3]. En outre, la réduction de la manutention diminuait les risques de perte, de casse et de vol de la part des débardeurs, pratique semblait-il assez courante dans la plupart des ports.

---

1. Marc Levinson, *op. cit.*, p. 48. Sauf mention contraire, l'ensemble des chiffres, comme d'ailleurs l'essentiel de l'analyse, sont tirés de cet ouvrage de référence.
2. *Ibid.*, p. 62.
3. *Ibid.*, p. 98.

Pourtant, le conteneur n'a pas été d'emblée accepté par les différentes autorités portuaires, lesquelles voyaient avant tout dans sa généralisation la nécessité d'effectuer des investissements considérables (aménagement des quais, dragage, installation de grues, entrepôts, communications avec l'arrière-pays, etc.). Celles qui la refusèrent le regrettèrent amèrement une fois que cette nouvelle méthode eut pris son envol. Envol qui aura d'abord requis l'établissement de normes en termes de taille (6 ou 12 mètres dans l'immense majorité des cas) à la suite d'âpres débats sur ses dimensions optimales. Dès lors, on a pu profiter de tous ses avantages.

Le gerbage tout d'abord, c'est-à-dire l'empilement de plusieurs conteneurs (jusqu'à dix sur les derniers modèles de navires), autorisant évidemment l'augmentation de la quantité de marchandises transportées, mais également la superposition d'objets de tailles et de formes diverses.

L'intermodalité ensuite, à savoir la faculté de transférer un conteneur d'un bateau sur un camion (trajets plus courts) ou sur un train (trajets plus longs) et inversement. C'est ainsi que le conteneur est devenu « la pierre angulaire d'un système hautement automatisé permettant de transporter des marchandises d'un bout à l'autre du globe, à moindre coût et sans aucun risque[1] ». En d'autres termes, l'élément central de la mondialisation des échanges. Depuis, le trafic de conteneurs est en constante augmentation et s'effectue via des processus de plus en plus automatisés et informatisés

1. *Ibid.*, p. 20.

puisque dorénavant, les millions de conteneurs transitant possèdent un numéro unique qui est scanné et tracé au fur et à mesure des différents embarquements. De multiples logiciels ont de plus été créés afin d'optimiser le gerbage en fonction du poids, de l'équilibre du navire, de la dangerosité des produits et de l'ordre des chargements et déchargements au fur et à mesure des diverses escales[1].

Par ailleurs, le transport par conteneur reposant sur la notion de volume, nous assistons depuis plusieurs années à une course au gigantisme. Le plus gros porte-conteneurs, le *MSC Tessa*[2], est long de 400 mètres et a une capacité de 24 116 EVP (l'unité de mesure pour le trafic de conteneur est l'EVP, pour équivalent vingt pieds, ce qui correspond grosso modo à 6 mètres et à une contenance de 38,5 mètres cubes), soit l'équivalent de 22 étages !!! Ce qui n'est pas sans poser problème pour traverser certains passages stratégiques (canaux de Panamá ou de Suez) ou accoster dans de nombreux ports (ce qui contraint à des investissements toujours plus importants pour accueillir ces monstres des mers).

Au-delà de ses avantages directs, le conteneur a donc été le catalyseur de changements plus profonds encore, à commencer par une division du travail, d'abord à l'échelon national puis mondial. Avec la baisse des coûts du transport, il est dorénavant facile de délocaliser des activités de production aux quatre

1. Mathieu Quet, *op. cit.*, p. 28-29.
2. www.meretmarine.com/fr/marine-marchande/le-msc-tessa-est-le-nouveau-plus-gros-porte-conteneurs-au-monde

coins du monde. Alors qu'auparavant, la tendance pour une entreprise était de contrôler l'ensemble des maillons de la chaîne d'approvisionnement, la conteneurisation a encouragé la sous-traitance, ouvrant la voie à la spécialisation à outrance de compagnies ou de territoires. Chaque maillon de la chaîne a pu être délocalisé en fonction de normes sociales et environnementales, du savoir-faire, de la présence de matières premières ou de l'existence d'infrastructures de transport performantes, favorisant ou non l'acheminement rapide des marchandises demandées.

Le tout selon la logique du *just in time*. Concept élaboré par l'entreprise Toyota, il vise à réduire ses stocks en faisant réaliser par d'autres les composants du produit final, selon des normes strictes et des délais de livraison déterminés à l'avance (chose impossible sans nos chers conteneurs). Résultat : de nos jours encore, l'essentiel des conteneurs renferment des produits intermédiaires et non des biens de consommation finale. Les progrès dans les télécommunications ont encore facilité et internationalisé cette méthode puisque les entreprises peuvent désormais directement passer commande auprès de fournisseurs situés à des milliers de kilomètres.

Une fois ces avantages admis, le conteneur a peu à peu été adopté par les gouvernements et les entreprises, lesquels y ont vu une possibilité d'élargir leurs marchés. Grace à lui, plusieurs régions (Japon, Corée du Sud, Hong Kong, Singapour, Australie, etc.) ont ainsi pu accroître leurs exportations et devenir des puissances commerciales majeures[1]. Et cela en chamboulant l'économie d'autres pays, lesquels ont vu l'arrivée de produits importés moins chers que ceux fabriqués ou assemblés localement. Avant le conteneur, les prix élevés des transports faisaient office de barrière commerciale[2], protégeant les industries de la concurrence étrangère. À grande échelle, son utilisation a donc joué un rôle majeur dans les processus de désindustrialisation qui ont touché des régions autrefois manufacturières d'Europe de l'Ouest, d'Amérique du Nord ou du Japon. En d'autres termes, le conteneur a redessiné les cartes de la mondialisation en concentrant la production dans des pays à bas salaires, pourvus d'installations portuaires leur permettant d'accueillir les plus gros porte-conteneurs. Ce modèle connaît bien entendu des limites telles que la généralisation d'un dumping social et environnemental, la perte d'autonomie industrielle, l'affaiblissement des producteurs locaux concurrencés par des marchandises étrangères, la raréfaction de l'énergie (un porte-conteneurs peut brûler plusieurs centaines de tonnes de fioul par jour). Sans oublier bien sûr la vulnérabilité en cas de perturbations sur un des maillons de la chaîne d'approvisionnement.

Attention, goulets d'étranglements !

Mars 2021 : l'*Ever Given*, un porte-conteneurs de plus de 20000 EVP s'échoue en franchissant le canal

1. Marc Levinson, *op. cit.*, p. 351-352.
2. *Ibid.*, p. 426.

de Suez. Cette voie stratégique reliant la mer Rouge à la mer Méditerranée concentre près de 12 % du commerce maritime mondial, ce qui représentait en 2020 plus de vingt millions de conteneurs. Le navire sera remis à flot six jours plus tard, permettant à des centaines de bateaux de poursuivre leur route vers l'Europe ou vers l'Asie. Il est fondamental de revenir sur ce blocage pour bien cerner l'importance de la fluidité permanente dans nos systèmes d'approvisionnement. Six jours, cela paraît court mais dans un système d'échanges mondialisés à flux tendus, c'est une éternité. Car au-delà de ce navire, ce sont plusieurs centaines d'autres qui sont restés immobilisés le temps de libérer le passage. On imagine aisément les pertes financières que cette immobilisation a provoquées car des centaines de bateaux représentent des millions de tonnes de matières premières (à commencer par le pétrole), d'objets de consommation courante (le Royaume-Unis a subi une pénurie de... nains de jardin ! mais les craintes concernaient également le café, le papier toilette, les consoles de jeu, les médicaments, etc.) et de produits semi-finis (on a beaucoup parlé des semi-conducteurs indispensables au fonctionnement de la quasi-totalité des objets électroniques). Ce qui a donc eu des conséquences sur une partie de nos tissus industriels du fait de retards de livraison. Heureusement, le blocage a été résorbé assez rapidement. Dans le cas contraire, une partie significative de l'approvisionnement, tant énergétique que minéral ou industriel, de dizaines de pays aurait été impactée, provoquant des ruptures d'approvisionnement, la mise à l'arrêt d'unités de production et la mise au chômage de millions de travailleurs.

En outre, cet événement met en lumière l'inertie de notre mégamachine logistique. Un blocage, même relativement court, engendre des perturbations en chaînes qui vont inévitablement mettre du temps à se résorber totalement. Ainsi, un an plus tard, les autorités du port d'Anvers enregistraient encore des désagréments directement ou indirectement provoqués par cet événement (accumulation de conteneurs, retards de livraison, etc.). En effet, à la manière d'un embouteillage d'automobiles se formant à la suite d'un accident, le dégagement de la voie de circulation ne signifie en rien la fin immédiate du bouchon puisque toutes les voitures bloquées devront une à une redémarrer et parcourir la distance qui les séparait de l'accident. Ce n'est souvent qu'après quelques dizaines de minutes, voire quelques heures, que la situation se rétablit à la normale. Pour en revenir à notre situation de blocage, le retard de marchandises ou de matières premières peut saturer des capacités de stockage et/ou provoquer l'arrêt d'unités de production, ce qui engendre un délai qui ne pourra être comblé du jour au lendemain, la plupart des industries tournant déjà au maximum de leurs capacités. Et c'est d'autant plus vrai qu'un ajournement de livraison accroît et concentre la demande dans un contexte où l'offre se fait défaillante. Ce qui peut se traduire par une hausse des prix, désorganisant à son tour d'autres secteurs. En bref, si tout peut s'arrêter très vite, tout redémarre beaucoup plus lentement.

À noter que, ironie du sort, tout ce qui précède concerne également la plupart des objets sans lesquels la logistique elle-même serait impossible. Les palettes, conserves, conteneurs, véhicules, emballages et cartons sont aussi fabriqués de façon industrielle et nécessitent des composants ou des matières eux-mêmes souvent issus de pays lointains, et dont le transport et les procédés de fabrication impliquent de grandes quantités d'énergies et de ressources en tout genre (papier, carton, métaux, bois, etc.). En raison de la guerre en Ukraine et de l'enchérissement des coûts de l'énergie, de nombreux secteurs ont ainsi répercuté ces hausses de prix sur le produit final (livres, matériaux de construction, pièces de voitures, etc.).

Beaucoup d'autres aléas peuvent impacter ces chaînes globales d'approvisionnement. En 2011, des inondations en Thaïlande ont affecté la production d'ordinateurs, de puces électroniques, de disques durs et d'automobiles[1]. Plus récemment, ce sont des sécheresses successives ayant touché l'île de Taïwan qui ont mis à mal la fabrication des fameux semi-conducteurs si stratégiques déjà évoqués (alors que le pays assure grâce à la compagnie TSMC 63 % de la production globale de la fonderie de ces éléments[2]). Résultat : délais de livraisons accrus sur de multiples objets, notamment la fameuse console PlayStation 5, plusieurs mois en rupture de stock. Et ce n'est qu'un aperçu de ce qui se passerait en cas de conflit armé entre la Chine et Taïwan.

Au Danemark, en 2017, c'est une attaque informatique qui a paralysé le siège d'un géant de la logistique et provoqué l'arrêt des 76 terminaux maritimes

1. Pablo Servigne et Raphaël Stevens, *op. cit.*, p. 113.
2. « TSMC, ces puces qui font tourner le monde », *Le Temps*, juin 2023.

du groupe (en Europe mais aussi aux États-Unis et en Inde), rendant impossible le chargement ou le déchargement des navires et entraînant des files de camions ainsi que l'impossibilité de passer des commandes[1]. En 2020, c'est le faible niveau du Rhin en raison de sécheresses successives qui empêche la circulation des marchandises sur une des principales artères commerciales d'Europe de l'Ouest (près de 310 millions de tonnes transportées annuellement[2]). La machine économique ne pouvant pas s'arrêter, ce ne sont pas moins de 5000 camions qui ont dû prendre le relais du transport entre les différentes zones géographiques habituellement desservies par le cours d'eau[3]. Même le canal de Panamá est affecté par un manque d'eau en raison de l'assèchement des deux principaux lacs artificiels, l'Alajuela et le Gatún, fournissant l'eau nécessaire (plusieurs millions de litres) au passage des 14000 embarcations par an à travers le réseau d'écluses. Ce qui a provoqué en été 2023 des embouteillages aux deux embouchures, suscitant des temps d'attentes plus longs pour les navires et des délais de livraisons accrus pour de nombreuses marchandises.

On ajoutera bien entendu l'épisode Covid-19 dont les conséquences logistiques ont encore aujourd'hui du mal à être appréhendées dans leur intégralité : fermetures de lignes de production, absentéisme sur le lieu de travail, politiques sanitaires restrictives, contrôles aux frontières, atteintes aux droits des travailleurs pourtant essentiels (manque de protection,

1. Mathieu Quet, *op. cit.*, p. 85-86.
2. Erik Orsenna, *La Terre a soif*, Paris, Fayard, 2022, p. 64.
3. *Ibid.*

impossibilité de pratiquer le télétravail, incapacité pour les camionneurs ou les marins de rentrer chez eux, etc.).

Ces aléas ne sont pas inédits en soi. Mais la double nouveauté réside d'une part dans leurs potentielles conséquences en cascade en un contexte de complexité croissante de nos chaînes d'approvisionnement, de la logique de spécialisation et de flux tendu qui les caractérise. Et d'autre part dans leur multiplication, leur interconnexion et leur possible simultanéité. Les dernières années sont éloquentes à cet égard puisque à la crise Covid se sont ajoutés des événements significatifs comme le blocage de l'*Ever Given* et la guerre en Ukraine, parallèlement à des situations de sécheresses successives impactant de nombreuses régions. Et les limites physiques (essentiellement la raréfaction des ressources et les tensions climatiques et écologiques) auxquelles nous commençons à être confrontés vont inévitablement apporter des contraintes similaires mais dont l'enchaînement, et sans doute l'ampleur, vont davantage mettre à mal la cohésion globale de nos sociétés.

4

Se nourrir dans un monde en contraction

Les prochaines fêtes de Halloween auront-elles un goût amer ? Malgré les revendications intempestives de leurs bambins, les parents hésitent devant les boîtes de Tagada, Dragibus, Schtroumpfs et autres Haricroco qui font crouler les étagères de leur supermarché préféré. Il faut dire que les prix des bonbons et autres friandises ont augmenté de plus de 20 % en un an. En cause, à des milliers de kilomètres de là, des tensions sur le marché du sucre, principalement en raison d'événements climatiques extrêmes qui ont touché plusieurs pays producteurs. L'Inde, en particulier, a vu ses champs submergés sous les inondations. De sorte que le gouvernement, confronté à une baisse de sa récolte, a décidé de mettre en place des quotas d'exportation et n'a livré au reste du monde que 8 millions de tonnes en 2022 contre 11 en 2021. Quant au Brésil, il a fait le choix d'accroître sa production d'éthanol avec ses plantations de canne à sucre. À 1 000 euros la tonne de sucre raffiné, les prix atteignent des sommets ! Ajoutez à cela l'enchérissement d'autres ingrédients (tel l'amidon), comme de l'énergie et des emballages, et vous obtenez des confiseries qui feront avant tout peur au portefeuille des parents.

Comme les autres activités humaines, notre système agroalimentaire doit être compris pour ce qu'il est, à savoir un métabolisme nécessitant des ressources (produits de la terre, eau, énergies, animaux...), impactant les écosystèmes et engendrant des déchets. Ce n'est qu'ainsi que nous pourrons envisager des solutions véritablement durables[1], souvent en totale opposition avec le fonctionnement de l'agriculture moderne. Car comme pour les autres aspects de nos vies, les contraintes et ruptures qui constituent le fil rouge de cet ouvrage vont peser en profondeur sur la façon de nous alimenter, et ce, de la fourche à la fourchette.

Bouleversements agricoles

À ce propos, il serait dorénavant plus judicieux (du moins dans une partie du monde), de parler de tracteur plutôt que de fourche. Car depuis quelques décennies, nos systèmes agricoles ont connu une évolution sans précédent, évolution dont beaucoup de consommateurs peinent à se rendre compte. Comme d'autres domaines, l'agriculture a expérimenté une industrialisation massive, à savoir une intensification à toutes les étapes de la production. Cette industrialisation a permis une explosion de la production alimentaire, et ce, grâce à la mécanisation (tracteurs, moissonneuses-batteuses, etc.) et au développement des produits phytosanitaires chimiques (engrais et pesticides). Pour avoir un

1. Terme à la mode mais entendu comme « visant à satisfaire nos besoins sans compromettre la capacité des générations futures à satisfaire les leurs ».

ordre de grandeur, en 1900, il fallait approximativement sept heures pour produire une tonne de blé contre 90 minutes en 2000[1]. Évidemment, ces changements se traduisent par une diminution drastique du nombre d'agriculteurs. Aux États-Unis, alors que l'agriculture employait 40 % de la population active en 1900, ce chiffre tombe à 5 % en 1970 et à seulement 1,5 % aujourd'hui[2]. En Belgique, ce ne sont pas moins de 68 % des fermes qui ont disparu depuis les années 1980[3]. Car cette transformation a nécessité, pour être rentable, des exploitations de plus en plus importantes, ce qui a remodelé les paysages ruraux, notamment à travers le célèbre remembrement qui, dans les années 1950, consista à regrouper des exploitations via la destruction de haies et de bosquets ou encore le remblai de ruisseaux et de talus. Bien entendu, ce regroupement a induit une concentration des exploitations, mais aussi une spécialisation des territoires.

À chaque pays sa culture

Cette spécialisation n'est pas nouvelle et trouve sans doute une de ses origines dans la période coloniale, durant laquelle les puissances européennes vont imposer à leurs colonies des monocultures de plantes difficilement cultivables sous les latitudes tempérées. De nombreux pays d'Amérique, d'Afrique

1. Victor Court, *op. cit.*, p. 379.
2. *Ibid.*, p. 380.
3. Veronica Bonomelli, « Les villes faces au défi de la relocalisation de la production alimentaire », *Dérivations*, mars 2021, p. 85.

et d'Asie ont ainsi vu leurs systèmes agricoles totalement déstructurés en étant contraints de se spécialiser dans des cultures destinées à l'exportation au détriment de leurs besoins alimentaires. Ce modèle, qui sera la cause profonde de nombreux épisodes de famines à travers l'Histoire[1], se maintient encore de nos jours malgré les indépendances, notamment via le mécanisme de la dette et des accords de libre-échange qui empêchent de nombreux pays de diversifier leur économie[2]. Cette spécialisation nous renvoie au modèle en étoile évoqué dans le chapitre précédent puisque de nombreuses régions sont peu à peu devenues les fournisseurs de certains aliments pour le monde entier. C'est ainsi que la Malaisie et l'Indonésie produisent plus de 75 % de l'huile de palme au niveau mondial. Le Ghana et la Côte d'Ivoire cultivent plus de 50 % du cacao. Concernant le soja, ce sont le Brésil et les États-Unis qui sont les deux premiers producteurs respectivement avec 44 % et 40 % de la production mondiale. L'île de Madagascar, fournit à elle seule 55 % de la vanille[3]. Quant à l'Ukraine, des surfaces gigantesques et particulièrement fertiles lui conféraient avant l'invasion russe le statut de grenier à céréales de l'Europe

---

1. Mike Davis, *Génocides tropicaux. Catastrophes naturelles et famines coloniales. Aux origines du sous-développement*, Paris, La Découverte, 2006.

2. Pour résumer, beaucoup de pays du tiers-monde, pour s'acquitter de dettes souvent illégitimes et maintes fois remboursées, se voient contraints de brader leurs ressources naturelles au profit de grands groupes internationaux et des pays les plus riches. Renaud Duterme et Éric de Ruest, *La Dette cachée de l'économie*, Paris, Les liens qui libèrent, 2014.

3. atlas.cid.harvard.edu

(comme de beaucoup d'autres pays). Cette configuration garantit aux pays consommateurs une disponibilité sans précédent d'aliments exotiques, et ce, sans en subir les impacts négatifs, les monocultures étant par définition des productions très intensives nécessitant de nombreux produits chimiques et se faisant au détriment des écosystèmes naturels. C'est d'autant plus vrai que de nombreuses exploitations sont *in fine* contrôlées par des puissances étrangères (entreprises multinationales ou États cherchant à assurer leur sécurité alimentaire), ce qui engendre une perte sèche en matière de revenus tirés de ces matières agricoles.

Cette spécialisation s'applique également au niveau régional et local. Le sud de l'Espagne fournit la majeure partie des fruits et légumes de l'Europe de l'Ouest. Aux États-Unis, c'est l'Imperial Valley en Californie qui joue ce rôle pour l'ensemble du pays. Les plaines de l'Iowa cultivent les céréales, principalement destinées à l'alimentation du bétail. En France, l'élevage porcin se concentre majoritairement en Bretagne. Contrairement à des pratiques ancestrales, l'agriculture moderne s'applique à consacrer chaque parcelle à une monoculture ou à un élevage spécifique avec moins de connexions entre ces utilisations. Notons qu'au sein de ces pays subsiste malgré tout une dimension Nord-Sud, une grande partie de la main-d'œuvre nécessaire à ces grandes exploitations étant recrutée chez les migrants sud-américains, africains ou est-européens.

Cette logique touche aussi l'exploitation halieutique, de nombreuses zones côtières poissonneuses du Sud subissant l'assaut de flottes de pêches ultramodernes et/ou de réseaux mafieux exploitant une main-d'œuvre misérable pour satisfaire la demande mondiale en poissons bon marché[1]. Bien entendu, nous allons le voir, cette concentration n'est pas sans poser problème en cas d'aléas perturbant la production (mauvaises récoltes, maladies ou ravageurs, sécheresses, inondations, tempêtes, épuisement des terres ou des ressources, etc.) ou l'acheminement des aliments cultivés.

Mais, c'est du côté de l'élevage et de la « production » de viande que l'évolution a été faramineuse, par le biais de l'élevage concentrationnaire (comme les monocultures, de grandes surfaces permettent des économies d'échelle et donc des marges plus importantes), mais aussi des croisements génétiques et de l'introduction d'intrants visant à accélérer la croissance des animaux. Quelques chiffres pour se rendre compte de la transformation opérée ces dernières décennies : « Le bœuf limousin pèse trois cents kilos au début du XIXe siècle, le double en 1860 et une tonne en 2000. La production journalière d'une vache passe de quatre litres de lait par jour à vingt litres au début du XXe siècle. En 1925, un poulet atteint un kilo et demi en cent-vingt jours, en 2000 ce poids est atteint en 35 jours[2]. » En bref, une intensification de l'élevage entraîne un nombre croissant de bêtes fournissant individuellement plus de calories.

---

1. Ian Urbina, *La Jungle des océans. Crimes impunis, esclavage, ultraviolence, pêche illégale*, Paris, Payot, 2019.

2. Gil Bartholeyns, *Le Hantement du monde. Zoonoses et pathocène*, Bellevaux, Éditions Dehors, 2021, p. 77.

L'industrie agroalimentaire à la chaîne

L'autre grand bouleversement a lieu en aval de cette production agricole, au niveau de la transformation des aliments. Probablement initié aux alentours de Chicago à la fin du XIXe siècle, le travail à la chaîne, notamment rendu possible par l'utilisation du tapis roulant et appliqué à l'abattage des animaux, va faire exploser la production de viande[1]. Jacques Damade propose une longue description qui vaut la peine d'être citée en entier, tant ces processus sont souvent aux antipodes des pensées des consommateurs carnivores : « Un tueur tue plusieurs centaines de bêtes à l'heure. Tandis qu'un nouveau porc se présente, le porc se vide de son sang en quelques secondes et poursuit sa route sur la chaîne. Vingt-quatre manipulations ou opérations ont lieu successivement en trois phases distinctes, selon que le porc qui constitue le mobile sur lequel on travaille est suspendu au rail aérien, étendu sur un tapis roulant, à nouveau suspendu et sur des plans inclinés et à différentes hauteurs. Deux rangées d'ouvriers, chacun à leur place, effectuent les gestes nécessaires à la vitesse uniforme imposée par le manège incessant. Après la mise à mort et l'échaudage, le raclage des poils, l'un sépare la tête du reste du corps, un autre incise la colonne vertébrale, un troisième agrandit l'entaille, un quatrième scie le sternum, un cinquième ouvre l'estomac, un sixième décolle les viscères, un septième les extirpe, etc.[2]. » Au sein de ce système, « l'être humain

1. Yves Pagès, *Les Chaînes sans fin. Histoire illustrée du tapis roulant*, Paris, La Découverte, 2023.

2. Jacques Damade, *Abattoirs de Chicago*, Paris, La Bibliothèque, 2020, p. 57-58.

devient rouage, levier, partie intégrante de la machine qui doit produire la plus grande quantité de produits dans le moins de temps possible[1] ». Cette méthode de la chaîne de montage, qui avait déjà connu des balbutiements auparavant, va, dans les abattoirs de Chicago, connaître une ampleur inédite (à l'époque, on y tuait quotidiennement vingt mille porcs[2]), à tel point qu'elle influencera Henry Ford pour la fabrication de son célèbre modèle T. Elle a depuis été adoptée par la sphère industrielle et agroalimentaire. C'est ainsi que de nos jours, la majorité des aliments que nous retrouvons dans les rayons des supermarchés sont littéralement « fabriqués » ou « assemblés » dans des unités de production selon une méthode quasi identique aux autres biens manufacturés. Et comme dans l'industrie, ces dernières années ont vu l'automatisation et l'informatisation se substituer peu à peu à la main-d'œuvre, certes toujours indispensable mais dans une bien moindre proportion. Un exemple nous est rapporté par le journaliste Jean-Baptiste Malet, auteur d'une enquête mondiale sur la tomate d'industrie. Une usine de la Morning Star, un des géants du secteur, située en Californie, est capable de transformer 1 350 tonnes de tomates par heure, 24 heures sur 24, cent jours par an avec seulement 70 ouvriers par rotation[3].

Cette industrialisation de la transformation nécessite également une standardisation des aliments, sans quoi le travail à la chaîne et/ou la mécanisation

1. *Ibid.*, p. 61-62
2. *Ibid.*, p. 63.
3. Jean-Baptiste Malet, *L'Empire de l'or rouge, Enquête mondiale sur la tomate d'industrie*, Paris, Fayard, 2017, p. 204.

de la production sont rendus plus compliqués. Comme le souligne Carolyn Steel, « un produit ne doit pas seulement être plus gros, plus beau et plus sexy que jamais ; il doit aussi résister aux rigueurs d'un système de distribution mondialisé dont le but est de fournir de moins en moins d'articles différents à de plus en plus de gens – ainsi fonctionnent les économies d'échelle[1] ». Évidemment, l'on va sélectionner les espèces les plus rentables, ce qui va se traduire par la disparition de nombreuses variétés de fruits, de légumes mais aussi d'espèces animales. Aujourd'hui, seules 150 variétés de plantes nourrissent la planète, contre une dizaine de milliers depuis la naissance de l'agriculture[2].

Enfin, la démocratisation et la facilité des transports ont également remodelé le monde agricole. Déjà en 1860, l'invention du silo (toujours à Chicago) va révolutionner le stockage et la manutention des céréales[3]. Mais à la fin du XIXe siècle, le développement du transport ferroviaire et surtout l'invention du wagon réfrigéré (nécessitant d'abord l'approvisionnement en blocs de glace) ont peu à peu permis de transporter des aliments (et notamment de la viande) sur des centaines, voire des milliers de kilomètres[4]. Comme le note un transporteur de l'époque, « à la manière du rail, la réfrigération

1. Carolyn Steel, *Ville affamée, Comme l'alimentation façonne nos vies*, Paris, Rue de l'échiquier, 2008, p. 82.

2. Frédéric Wallet, *Manger demain*, Paris, Tana éditions, 2021, p. 39.

3. Christophe Bonneuil et Jean-Baptiste Fressoz, *L'Événement Anthropocène. La Terre, l'histoire et nous*, Paris, Seuil, 2013, p. 177.

4. Marc Levinson, *op. cit.*, p. 34.

régularise la distribution[1] ». Avec elle, les saisons sont vaincues, le temps et l'espace dominés[2]. Cette distribution est encore accentuée (et surtout étendue à la planète entière) quelques décennies plus tard avec nos conteneurs version réfrigérée eux aussi, comme avec les progrès dans la stérilisation des contenants[3]. De la sorte, l'agriculture se mondialise davantage et, comme l'industrie, se voit appliquer une division internationale du travail de plus en plus poussée, dans laquelle chaque étape (récolte, production, transformation, distribution, consommation) est de plus en plus déconnectée socialement et en particulier géographiquement, parfois par plusieurs milliers de kilomètres. Ce qui induit évidemment une explosion des transports en tout genre. Rien que pour la France, ce serait « 30000 camions chargés de fourrage, d'animaux ou de carcasses, de lait, de fruits, de légumes qui sillonnent le pays quotidiennement[4] ».

Ces évolutions, menées aux quatre coins du monde sous différents vocables, telles que le plan Marshall et la politique agricole commune (PAC) en Europe ou la révolution verte dans le tiers-monde, n'eurent d'autres finalités que d'intensifier et de massifier[5], même si derrière ces objectifs se cachaient également le refus de mettre en place des réformes agraires et d'empêcher la diffusion d'idées communistes au sein du monde paysan. Quand bien même,

1. Thibault Le Texier, *op. cit.*, p. 277.
2. Jacques Damade, *op. cit.*, p. 44.
3. Jean-Baptiste Malet, *op. cit.*, p. 202-205.
4. Frédéric Wallet, *op. cit.*, p. 26.
5. Gil Bartholeyns, *op. cit.*, p. 76.

elles ont incontestablement permis de fournir des quantités de nourriture comme jamais auparavant et par là de faire exploser la population mondiale (on pourrait théoriquement nourrir plus de dix milliards d'individus). Et ce, bien que la malnutrition, que ce soit via la sous-alimentation ou la suralimentation, concerne encore plus de trois milliards d'êtres humains.

Mais comme bien des aspects de notre société de consommation, cette apparence de succès masque en réalité de nombreux impacts sociaux, sanitaires et environnementaux, dont l'accroissement revient à remettre en question l'approvisionnement futur en denrées diverses. Sans compter l'opacité et le risque de fraude à l'œuvre, conséquence logique de l'élargissement des chaînes d'approvisionnement. Les différents scandales alimentaires de ces dernières années (crise de la vache folle, lasagnes à la viande de cheval, peste porcine, coulis de tomate chinois étiqueté *made in Italy*[1]...) sont là pour nous le rappeler.

Quand manger détruit le vivant

L'agriculture industrielle poursuit en réalité une logique similaire à celle de l'exploitation minière, à savoir de considérer les milieux naturels comme un simple réservoir de ressources dans lequel nous pouvons puiser de la façon la plus intensive possible. D'aucuns ont qualifié cette pratique d'extractivisme, entendu comme « un programme pour utiliser la

1. Mathieu Quet, *op. cit.*, p. 96 et Jean-Baptiste Malet, *op. cit.*

terre et non pour vivre avec elle ; pour extraire et absorber ses biens comme matières premières à échelle industrielle. [Ce dernier] se contente de comptabiliser les lieux à ressources et les lieux de consommation et reste aveugle aux régions, aux peuples, aux cultures, aux valeurs humaines[1] ». De ce fait, les impacts écologiques et sociaux de l'agro-industrie se rapprochent de ceux inhérents à l'activité minière : épuisement des sols, destruction de la biodiversité, déforestation, simplification des écosystèmes, pollutions chimiques des terres, des eaux et de l'air, accaparement des ressources hydriques, émissions de gaz à effet de serre (CO_2 lié aux énergies fossiles, méthane provenant de l'élevage intensif et oxyde d'azote de l'épandage d'engrais), surexploitation des travailleurs, effets nocifs sur la santé humaine. Conséquences auxquelles on peut ajouter l'endettement des paysans, des conditions de vie et de mort déplorables pour les animaux d'élevage ou encore l'eutrophisation des eaux de surface (cours d'eau, étangs, zones côtières) en raison des trop fortes concentrations d'azote et de phosphore ruisselant des champs, phénomène notamment à l'origine des zones mortes dans les océans ou des fameuses algues vertes touchant les plages bretonnes.

Quelques chiffres pour se rendre compte du désastre : à l'échelle mondiale, l'appauvrissement des sols concernerait près de 60 % des terres cultivables. Les causes principales sont la culture intensive mais aussi la déforestation, le surpâturage sans

---

1. Lino Pizzolon, militant antimines patagonien cité dans Anna Bednik, *Extractivisme*, Neuvy-en-Champagne, Le Passager clandestin, 2016.

oublier l'artificialisation et les pollutions industrielles[1]. Toujours à l'échelle de la planète, un tiers des stocks de poissons sont surexploités[2]. Et pour l'année 2016, ce ne sont pas moins de 300 millions de bovins, 1,5 milliard de porcs et 65,8 milliards de poulets qui ont été abattus[3]. En France, le nombre d'oiseaux et d'insectes est en chute libre, conséquence directe de l'artificialisation des sols et de l'usage excessif d'intrants chimiques.

Quel avenir pour l'agriculture fossile ?

Outre ces conséquences qui devraient à elles seules suffire à nous faire repenser ce modèle, de nombreuses contraintes vont venir perturber le complexe agroalimentaire. À tel point qu'une nécessité fondamentale, se nourrir, pourrait être rendue plus compliquée dans un futur proche. La première de ces contraintes nous ramène au premier chapitre du livre : l'agriculture moderne est ultra-dépendante des énergies fossiles, et ce, à tous les échelons : semences et récoltes par des véhicules nécessitant des dérivés du pétrole, produits phytosanitaires synthétisés à base de gaz ou de pétrole, transport des denrées par camions ou cargos, fonctionnement des usines de transformation. Or, nous l'avons vu, la raréfaction de ces énergies (pour des raisons physiques et/ou géopolitiques) va indéniablement mettre à mal la bonne marche actuelle du système

1. Frédéric Wallet, *op. cit.*, p. 36.
2. *Ibid.*, p. 47.
3. Laurent Testot et Nathanaël Wallenhorst, *Vortex. Faire face à l'Anthropocène*, Paris, Payot, 2023, p. 28.

et par là engendrer des pressions sur les différents acteurs. Bien entendu, ces pressions seront plus difficilement supportables pour les petits exploitants en raison de marges de manœuvre plus faibles. L'année 2022 nous a donné un aperçu de ce qui pourrait survenir à plus grande échelle. Avec la hausse des prix du gaz à la suite de l'invasion de l'Ukraine par la Russie, nous avons assisté à une multiplication du prix des engrais par trois ou quatre, ce qui se répercute inévitablement sur les prix intermédiaires et finals des produits issus de l'agriculture.

Outre l'énergie, la production d'engrais exige également des ressources minières, en particulier de la potasse et du phosphate, respectivement pour fournir les quantités de potassium et de phosphore nécessaires à la croissance des plantes (le troisième élément indispensable étant l'azote). C'est, semble-t-il du côté du phosphore que les inquiétudes sont les plus grandes. D'une part, en raison de l'hyperconcentration des gisements de phosphate (environ 70 % des réserves mondiales[1]) sur le territoire marocain (incluant le Sahara occidental, zone conflictuelle sur laquelle les autorités marocaines revendiquent la souveraineté). Et ce, bien que les quantités extraites le soient davantage par des producteurs secondaires (Chine, États-Unis, Russie, Jordanie). On voit déjà ici les tensions pouvant survenir en raison des rivalités géopolitiques avec ces pays, surtout la Chine et la Russie[2].

1. www.usgs.gov/centers/national-minerals-information-center/mineral-commodity-summaries

2. La Russie et la Biélorussie sont également deux des plus gros producteurs de potasse.

D'autre part, en raison du caractère limité de ces minerais, induisant l'arrivée potentielle d'un pic au cours du XXIe siècle[1], même si de nombreuses inconnues peuvent faire varier cette date très approximative (augmentation de la population mondiale, type d'agriculture, importance de la consommation de viande, etc.). S'il est sans doute exagéré de prédire un épuisement des gisements de phosphate à l'échelle mondiale, il faut malgré tout s'attendre à des tensions accrues sur le phosphore pour les raisons évoquées au chapitre deux (gisements moins concentrés, plus coûteux à extraire, baisse des exportations décidées par les pays producteurs, etc.), ce qui peut augurer une baisse des rendements agricoles rien qu'avec ce simple facteur. Notons que le phosphore est également un constituant des pesticides[2], souvent indispensables dans des monocultures par définition plus vulnérables aux ravageurs.

Des bras sur les terres

En résumé, nous l'avons vu, le modèle agro-industriel a substitué une partie de la main-d'œuvre par des machines et de la chimie. Ce modèle est encore loin d'être universel. Pour s'en convaincre, il suffit de voir le décalage en matière de mécanisation entre les différentes régions du monde. Alors qu'en 2008, un pays comme le Luxembourg enregistrait plus de 1 000 tracteurs par surface de

1. Sophie Gosselin et David gé Bartoli, « Phosphore, faut-il craindre une pénurie ? », *Socialter,* janvier 2022.
2. Éric Chaline, *50 minéraux qui ont changé le cours de l'histoire*, Paris, Le Courrier du Livre, 2012.

100 kilomètres carrés de terres arables, le Myanmar n'en comptabilisait que 10 et le Togo seulement 0,6[1]. Concernant la part des agriculteurs dans la main-d'œuvre nationale, elle s'élevait en 2021 à 52 % en Afrique subsaharienne et à seulement 5 % pour la moyenne de l'OCDE[2]. Cela dit, bien qu'à des degrés variables, la tendance est à la baisse partout, notamment en raison de l'appauvrissement des paysans et de la concurrence que les grands groupes de l'agrobusiness font peser sur les petites exploitations. Cependant, y compris dans les pays connaissant une agriculture moderne et mécanisée, il ne faudrait pas en conclure que la main-d'œuvre est devenue superflue. Pour s'en convaincre, il suffit de voir les dizaines de milliers de migrants travaillant dans les exploitations intensives, du sud de l'Italie aux États-Unis en passant par la Chine ou l'Andalousie. Partout, des jeunes gens connaissant une situation précaire, vivant souvent illégalement sur le territoire, sont ainsi embauchés pour récolter fruits et légumes dans des conditions effroyables. Des journées longues et intenses, un travail répétitif, une chaleur suffocante, des salaires de misère, un hébergement dans des logements insalubres, voire des bidonvilles ainsi qu'une quasi-absence de représentations syndicales, constituent le quotidien de ces personnes sans qui une partie des étals de nos supermarchés seraient tout simplement vides. La fermeture des frontières en raison de l'épidémie de Covid-19 a mis en évidence l'importance des

---

1. Banque mondiale, « Machinerie agricole » : donnees.banquemondiale.org
2. Banque mondiale, « Emplois dans l'agriculture » : donnees.banquemondiale.org

migrations saisonnières pour le secteur agricole. En ce qui concerne la France, des statistiques datant de 2016 estiment que 80 % de la main-d'œuvre salariée du secteur est d'origine étrangère[1]. Parmi les sept professions dans lesquelles les migrants hors Union européenne sont surreprésentés figure d'ailleurs celle de manœuvre dans l'agriculture[2].

Pour ce qui est des agriculteurs indépendants, le tableau n'est guère plus réjouissant. C'est une des professions les moins payées eu égard à la quantité de travail à effectuer. Qui plus est, ils sont souvent pointés du doigt et considérés comme responsables d'un système qui pourtant les emprisonne pour une majorité d'entre eux. Victimes des politiques publiques, de la concurrence internationale, d'un travail de plus en plus technique, des maladies professionnelles, subissant des marges toujours plus réduites ainsi qu'un endettement croissant (un quart des agriculteurs français vivent sous le seuil de pauvreté[3]), ils représentent la profession qui se suicide le plus. Il n'est dès lors pas étonnant que celle-ci peine à recruter des candidats, alors même qu'elle connaît un vieillissement parmi les plus importants puisque l'on estime que la moitié des agriculteurs atteindront l'âge de la retraite dans les cinq ans à venir[4]. À noter que cette situation résulte notamment d'un exode rural encouragé par les pouvoirs publics

1. « La Covid-19 révèle la dépendance de l'agriculture à la main-d'œuvre étrangère », France Culture, 31 mars 2020.

2. commission.europa.eu/strategy-and-policy/priorities-2019-2024/promoting-our-european-way-life/statistics-migration-europe_fr#emploi-des-immigrants

3. Frédéric Wallet, *op. cit.*, p. 60.

4. *Ibid.*, p. 24.

et la métropolisation, phénomènes rendus possibles précisément par l'industrialisation de l'agriculture.

Des récoltes incertaines

Outre la main-d'œuvre, c'est du climat que vont venir les principales contraintes sur la production agricole et la disponibilité de nourriture. La plupart des historiens de l'environnement font dorénavant le lien entre le développement de l'agriculture (il y a plus ou moins 10 000 ans avant notre ère) et l'apparition d'un climat relativement stable. Cette stabilité (toujours relative mais observable malgré tout) est en passe d'être révolue. Sécheresses, canicules, inondations, grêles, incendies, perturbations des équilibres saisonniers, autant d'événements ayant toujours existé mais dont la fréquence et l'intensité semblent croissantes ces dernières années. Leurs conséquences sont faciles à imaginer mais leur ampleur est sans aucun doute sous-estimée. La question de l'eau sera la plus préoccupante ; et pour cause, on assiste déjà ces dernières années à des épisodes de sécheresse de plus en plus fréquents et longs, qui plus est combinés à des hausses de températures, ce qui accentue les phénomènes d'évapotranspiration. Les ressources d'eau souterraines sont à des niveaux historiquement bas dans de nombreux pays tempérés (bassin méditerranéen, sud-ouest des États-Unis, Chine, etc.), ce qui va impacter une agriculture qui y représente près des trois quarts des prélèvements en eau. Le réchauffement du climat diminue notre disponibilité en eau, alors qu'il va dans le même temps accroître nos besoins d'irrigation, et ce, dans un contexte d'assèchement de nombreux cours d'eau (Colorado, Rhône, etc.). Surmonter ce casse-tête implique donc de transformer nos systèmes agricoles, notamment en nous orientant vers des pratiques et des cultures moins aquavores. On sait par exemple que la production de viande intensive nécessite de grandes quantités de maïs, plante très gourmande en eau. Cette variable doit par ailleurs se comprendre au regard des autres contraintes. Un sol en bon état fait ainsi plus facilement face aux sécheresses et absorbe davantage d'eau qui tombe sous forme de précipitations. À l'inverse, des sols surexploités favorisent le ruissellement, d'autant que les pluies ont tendance à se déverser de façon plus intense sur des courts laps de temps.

En sus du manque d'eau, les variations climatiques vont également modifier la géographie de l'agriculture et diminuer les rendements, en réalité déjà en baisse dans la plupart des régions du monde[1]. Tout comme la qualité de nombreux produits que nous nous sommes habitués à consommer quotidiennement. L'augmentation des températures provoque ainsi une croissance de champignons invasifs menaçant la culture du café[2]. Le goût des fruits et de leurs dérivés (notamment le vin[3]) se trouve aussi altéré par ces changements. En 2021, c'est la culture de graines de moutarde qui a été divisée par deux au Canada (premier producteur mondial) en raison d'un dôme de chaleur persistant sur la région. En 2023, c'est sur le jus d'orange que des tensions

1. Laurent Testot et Nathanaël Wallenhorst, *op. cit.*, p. 168.
2. *Ibid.*, p. 212.
3. *Ibid.*, p. 94.

surviennent, notamment en raison d'aléas climatiques touchant des régions productrices (ouragan en Floride, sécheresse en Espagne), ainsi que sur l'orge (été trop humide en Europe de l'Ouest). Et de nombreux autres produits risquent de subir le même sort (chocolat, thé, tomate, amande, huile d'olive, etc.[1]). Ces éléments sont d'ailleurs à mettre en lien avec l'idée de spécialisation évoquée précédemment puisque certaines zones concentrent à elles seules une partie significative de la production de fruits et légumes destinés à des millions de consommateurs. Les deux exemples les plus emblématiques sont le sud de l'Espagne et l'Imperial Valley, deux territoires dont l'exploitation intensive saute aux yeux même par satellite (des serres s'étendant sur des dizaines de kilomètres d'un côté et des champs bien verts au milieu du désert de l'autre) et situés tous deux dans des régions subissant une aggravation du stress hydrique.

Nous assistons, parallèlement, à l'effondrement des stocks de poissons, en raison non seulement de la surpêche (en particulier via des méthodes ultra intensives telles que le chalutage de fond, l'usage de filets géants, voire la pêche à l'explosif) mais également des nombreuses perturbations touchant les zones maritimes et côtières. Circulation de navires, pollutions au plastique, rejets agricoles et industriels, hausse de la température de l'eau, acidification des océans, extraction minière ou énergétique, exploitation du sable marin, autant de facteurs

1. Wilfried Bommert et Marianne Landzettel, *La Fin de l'alimentation. Comment le changement climatique va bouleverser ce que nous mangeons,* Paris, La librairie Vuibert, 2019.

transformant peu à peu les écosystèmes marins en déserts, avec toutes les conséquences pour l'alimentation d'une partie significative de la population humaine.

De nombreuses craintes concernent enfin l'effondrement des populations d'insectes, principalement en raison des intrants chimiques et de l'artificialisation des sols, ce qui pourrait perturber la pollinisation de nombreuses plantes et par là contribuer au déclin de certains produits agricoles.

Il n'est sans doute pas nécessaire de poursuivre cet état des lieux mais concluons simplement que l'agriculture de demain se fera nécessairement avec moins d'énergie, moins de terres, moins de chimie, moins d'eau, dans un climat plus instable et avec une biodiversité appauvrie. Ce n'est qu'en intégrant ces données que nous pourrons parvenir à un système agroalimentaire plus résilient. La bonne nouvelle, c'est que cette résilience résout souvent la majorité des problèmes. À titre d'exemple, restaurer la qualité d'un sol le rend non seulement moins vulnérable aux aléas climatiques mais en fait également un meilleur réservoir de biodiversité. Si l'on considère souvent les ruminants comme une des causes du réchauffement climatique en raison de leurs émanations de méthane, des vaches broutant de l'herbe, provenant donc d'élevage extensif, ont des processus de digestion beaucoup moins problématiques. Plus généralement, la combinaison de différentes pratiques agricoles ou horticoles sur une même surface (petit élevage, cultures, reboisement, etc.) réduit les risques de ravageurs tout en favorisant une diversité des productions, en fournissant au sol des engrais naturels et en contribuant au bien-être animal.

Alimentation et désordres géopolitiques

À cette donne climatique doit s'en ajouter une autre, géopolitique celle-là. Indépendamment du contexte actuel, les conflits ont toujours eu une influence sur l'état de l'alimentation d'une population ou d'un territoire, ne fusse qu'en raison des conséquences directes et indirectes qu'exercent ces conflits sur l'approvisionnement alimentaire : destruction des infrastructures de transport et de communication (voies ferrées, routes, ponts, ports, etc.), perturbations des unités de production, réquisitions des denrées alimentaires, mobilisation de la main-d'œuvre agricole sur le front, dégradations des terres agricoles (bombardements, batailles, mines, passages de blindés), fermeture des frontières, difficultés d'importations et d'exportations. De tous temps et aujourd'hui encore, il existe ainsi un lien très étroit entre malnutrition (voire famines) et conflits.

Toutefois, les évolutions que nous avons évoquées accentuent ces tendances, ressenties, historiquement surtout, au niveau local. Car la mondialisation de l'approvisionnement alimentaire couplée à la spécialisation des territoires engendre une interdépendance susceptible de transformer des tensions nationales ou régionales en crise globale. La guerre en Ukraine, grenier à blé d'une partie du monde, est venue l'illustrer brutalement : les difficultés rencontrées alors par le pays pour exporter des millions de tonnes de céréales suscitèrent d'importantes craintes auprès d'États fortement dépendants tels que l'Égypte. Par effet domino, en juillet 2023, l'Inde, plus gros exportateur de riz dans le monde, a décidé l'arrêt de ses exportations de riz non basmati à la suite des tensions sur le marché des céréales en raison de la non-reconduction d'un accord russe. On voit ici la nécessité de prendre dorénavant en compte en permanence une combinaison de facteurs. Outre la géopolitique, la décision indienne a aussi été influencée par des politiques de spéculation d'acteurs financiers ou de pays stockant les céréales en attendant leur enchérissement. Comme par de mauvaises récoltes après plusieurs sécheresses ainsi que par des perspectives inquiétantes quant au retour d'*El Niño*, ce phénomène climatique survenant tous les cinq à sept ans et perturbant les équilibres météorologiques mondiaux.

La production agricole n'est en outre pas le seul dommage collatéral lié au système agroalimentaire du conflit russo-ukrainien puisque la Russie est un des principaux producteurs d'engrais, de gaz et de pétrole. Trois éléments, on l'a vu, indispensables à l'agriculture industrielle. Les conséquences de ces événements ont été encore aggravées par un contexte de dérégulation financière et commerciale qui est au cœur des politiques néolibérales menées aux quatre coins du globe par la plupart des gouvernements. Dans cette idéologie où le marché est roi, toute perturbation, même minime, est instrumentalisée par des acteurs financiers qui, en spéculant, engendrent des hausses de prix nettement plus importantes que celles que la perturbation initiale aurait provoquées. Spéculer quand un bien vient à manquer est vieux comme la monnaie, mais il est clair que la grande liberté des mouvements de capitaux exacerbe ce phénomène, contribuant aux déséquilibres en cours et à venir.

Enfin, la question de l'eau peut également être à l'origine de tensions géopolitiques, l'épuisement de ressources hydriques couplé à des mauvaises récoltes engendrant parfois un repli sur soi de la part de pays producteurs qui préfèrent orienter leur production agricole prioritairement vers la satisfaction des besoins de leur population.

Il n'est pas facile de conclure ce panorama assez inquiétant. Mais se confronter à ces réalités doit nous faire prendre conscience de la nécessité de transformer urgemment nos systèmes agricoles. Autonomie, autosuffisance, diversification, décentralisation, diminution des intrants chimiques, recherche publique, réappropriation des savoirs anciens, réintroduction de main-d'œuvre au détriment d'une ultra mécanisation, autant de principes fondamentaux qui devraient être au cœur de toute politique agricole, locale comme régionale ou nationale. Ces principes s'imposeront à nous tôt ou tard. Mieux vaut donc les anticiper, afin d'acquérir davantage de résilience face aux limites écologiques et aux tensions internationales, et de réduire drastiquement l'impact désastreux de l'agriculture moderne sur les écosystèmes, les travailleurs du secteur et la santé des consommateurs.

5

La santé déréglée

Le pharmacien a beau reparcourir la liste de sa commande, le compte n'y est pas. Il lui manque des antibiotiques, des antidiabétiques et des médicaments contre l'hypertension. En cause, bien sûr, il le sait, la pénurie des principes actifs nécessaires à leur élaboration, dont on a préféré déléguer par souci d'économie les différentes étapes de fabrication à des usines lointaines, souvent situées en Chine et en Inde, qui en ont désormais le monopole. L'Agence nationale de la sécurité du médicament et des produits de santé (ANSM) a signalé plus de 3 700 ruptures ou risques de ruptures de médicaments en 2022. Mais il y a une chose que le pharmacien ne sait pas encore, c'est que la guerre en Ukraine a eu aussi une cause inattendue sur le marché déjà mis à mal des produits de santé : la perturbation des chaînes d'assemblages. Le pays est en effet un gros producteur d'aluminium et de verre, deux composants très présents dans les emballages et le contenant de nombreux médicaments (flacons, seringues, blisters, etc.). De quoi s'inquiéter quand on sait que le marché de la santé est en pleine croissance, vieillissement de la population et développement de la classe moyenne dans divers pays obligent.

Les évolutions survenues au siècle dernier ont fortement amélioré la santé des populations, en particulier dans les pays les plus riches. Plus d'énergie, plus de matières premières disponibles, plus de confort, plus de nourriture, cela signifie aussi une meilleure santé, matérialisée par un allongement de l'espérance de vie. Mais pourrons-nous maintenir cette qualité de vie et de soins dans un monde où le climat est de plus en plus instable et les ressources de moins en moins disponibles ? Faut-il s'attendre, à l'instar du Covid-19, à voir de plus en plus de perturbations sanitaires venir chambouler le cours de nos sociétés ? Et surtout, ces dernières sauront-elles y répondre ?

Un climat mortifère

Bien entendu, les changements liés au climat sur la production agricole risquent à eux seuls d'avoir des conséquences importantes sur l'état de santé d'une population, tant l'alimentation en constitue un des principaux déterminants. Mais le réchauffement aura d'autres répercussions sanitaires qu'il est fondamental d'anticiper afin de préparer nos systèmes de prévention et de santé publique.

Ces effets se font d'ailleurs déjà ressentir avec des températures extrêmes (près des 50°) de plus en plus fréquentes, des États-Unis à l'Inde en passant par l'Algérie ou l'Italie. Températures qui touchent par ailleurs plus durement les centres-villes, notamment en raison du phénomène d'îlot de chaleur. Cette manifestation, bien connue des citadins, est en particulier provoquée par les sources de chaleur plus nombreuses en milieu urbain (automobiles, climatisation, centrales énergétiques, etc.) ainsi que par l'omniprésence de surfaces absorbant davantage la chaleur (goudron, béton, couvert végétal plus faible, etc.). Les effets sanitaires de ces canicules sont loin d'être anecdotiques. Pour l'été 2022, en Europe, plus de 60000 décès seraient attribués aux températures extrêmes. Rien qu'en France, le bilan serait de près de 3000 morts, plus de 17000 passages aux urgences ainsi que de 10000 hospitalisations[1]. Les vagues de chaleur sont d'ailleurs les aléas climatiques les plus meurtriers : ils sont responsables de près de deux millions de morts à l'échelle mondiale chaque année[2]. D'un point de vue médical, la chaleur extrême provoque inconforts, faiblesses, troubles de la conscience, crampes, syncopes, coups de chaleur. Sans oublier l'exacerbation de maladies chroniques préexistantes telles que le diabète, l'insuffisance respiratoire, les maladies cardiovasculaires, neurologiques et rénales, au point de causer la mort[3], en particulier si elles s'accompagnent d'un fort taux d'humidité dans l'air. Sans surprise, les métiers physiques et/ou extérieurs (ouvriers du bâtiment, travailleurs en usine, agents de voirie, livreurs, etc.) sont particulièrement touchés. Sous la pression d'organisations syndicales, certaines législations autorisent désormais des arrêts de travail une fois un certain seuil de température dépassé.

1. www.santepubliquefrance.fr/presse/2022/bilan-canicule-et-sante-un-ete-marque-par-des-phenomenes-climatiques-multiples-et-un-impact-sanitaire-important

2. Jean-David Zeitoun, *Le Suicide de l'espèce*, Paris, Denoël, 2023, p. 39.

3. Veronica Bonomelli, art. cité, p. 94.

Les canicules révèlent en outre les inégalités sociales en dévoilant la plus grande vulnérabilité des personnes économiquement précaires (sans domicile fixe, résidents d'habitations mal isolées), âgées et plus isolées (le degré d'isolement est un facteur déterminant pour comprendre les différences de mortalité en cas de canicule)[1]. De ce fait, nos pays, pour la plupart vieillissants et socialement de plus en plus fragmentés, constituent un terreau favorable à des épisodes de surmortalité, amenés à se multiplier dans les années à venir. De nombreuses villes risquent simplement de devenir invivables dans un futur proche. Et ce, sans compter une pression sur des systèmes de santé déjà au bord de la saturation dans beaucoup de pays, comme nous allons le voir.

Bien que moins médiatisés, d'autres impacts sanitaires liés au réchauffement du climat sont pointés du doigt par différentes études. Les incendies, de plus en plus fréquents, dégradent la qualité de l'air, tendance de nouveau plus présente en zones urbaines. On sait aussi que les variations climatiques peuvent engendrer une modification de la géographie de certaines maladies, dorénavant plus à l'aise dans des régions jusque-là épargnées, en raison d'hivers plus doux et de fluctuations du taux d'humidité. D'aucuns s'alarment du risque, plus hypothétique mais pas impossible, que pose le dégel du permafrost quant à la libération de bactéries ou de virus millénaires contre lesquels l'être humain ne disposerait pas d'anticorps. À cet égard, l'épisode Covid-19 ne pourrait être qu'un coup de semonce,

1. Éric Klinenberg, *Canicule. Chicago, été 1995*, Lyon, Éditions deux-cent-cinq, 2021.

tant la dévastation de la nature causée par nos systèmes économiques perturbe des équilibres fragiles nous mettant à distance d'agents pathogènes potentiellement destructeurs.

« Une épidémie d'épidémies »

Il subsiste encore de nombreuses interrogations quant à l'émergence du Covid-19 et à sa transmission à l'être humain. Si l'hypothèse d'une fuite de laboratoire semble ne pas avoir été totalement écartée[1], la cause la plus probable serait à chercher du côté des marchés humides chinois. Quoi qu'il en soit, il est clair que la relation utilitariste qui unit nos sociétés à la nature augmente significativement le risque de propagation de maladies. Via la destruction des milieux naturels tout d'abord. Rappelons que des millions de virus peuplent de nombreuses zones terrestres, en particulier au sein des écosystèmes tropicaux. Or, ces écosystèmes subissent de plein fouet les ravages d'une certaine vision de la modernité, au profit d'activités économiques plus rentables telles que les monocultures, l'élevage industriel, les exploitations minières, les routes, etc. Par cette dégradation, « des barrières géographiques sont forcées et l'étanchéité des écosystèmes [...] est mise à mal[2] ». Ce qui facilite les contacts entre espèces porteuses de virus (les chauves-souris constituent souvent les candidats idéaux) et groupes humains. Ebola, Nipah,

1. Brice Perrier, *Sars-Cov-2, aux origines du mal*, Paris, Belin, 2021.
2. Gil Bartholeyns, *op. cit.*, p. 52.

Zika, VIH, autant d'agents infectieux dont l'origine serait à mettre en lien avec des campagnes intenses de déforestation. L'interconnexion extrême qui caractérise nos sociétés hypermondialisées parachève le travail de diffusion, parfois dans des proportions et avec une rapidité tout aussi extrêmes. À noter qu'avec la destruction de la biodiversité, c'est une partie de la pharmacopée sauvage qui disparaît également[1], privant la médecine du futur de traitements possibles.

C'est donc notre relation avec le vivant qu'il nous faut remettre en question si l'on veut éviter d'autres désagréments potentiellement plus graves. Et pour cause, la majorité des agents infectieux ayant émergé ces dernières années sont des zoonoses, à savoir des souches provenant ou transmises par le monde animal. Rien de nouveau sous le soleil : de nombreuses maladies ayant côtoyé l'espèce humaine durant son odyssée sont aussi transmises par des animaux (grippes, tuberculose, coqueluche, malaria, VIH, peste noire, etc.). Mais le développement d'exploitations intensives, voire d'élevages concentrationnaires, ainsi que le transport d'animaux (vivants ou morts) aux quatre coins du monde vont constituer un terreau plus que fertile à l'émergence et à la transmission de nouveaux agents pathogènes. Depuis les années 1960, l'on constate d'ores et déjà une forte augmentation des épidémies à travers le monde, ce qui conduit le spécialiste Serge Morand à évoquer « une épidémie d'épidémies[2] ». L'historien Gil Bartholeyns résume la nouvelle ère géologique

1. Hugues Stoeckel, *op. cit.*, p. 196.
2. Serge Morand, *L'Homme, la faune sauvage et la peste*, Paris, Fayard, 2020, p. 71-72.

dans laquelle l'humanité serait entrée, lui proposant, en référence au terme plus populaire d'Anthropocène, le nom de Pathocène : « L'origine des zoonoses et épizooties est toujours complexe, mais l'élevage est en cause dans la majorité des cas. La grippe espagnole provient vraisemblablement de grandes fermes nord-américaines. La pandémie de grippe H1N1 de 2009 est issue d'une recombinaison virale de souches aviaires et humaines survenues plusieurs années avant dans un élevage porcin américain. La grippe aviaire H5N1 est apparue dans des élevages industriels de volailles, transmise en Europe et en Afrique par des œufs couvés en Turquie ou des poussins en provenance de Chine, frappant la faune sauvage tout le long des voies commerciales. La maladie à virus Nipah se déclare chez des éleveurs de cochons sans doute contaminés par des roussettes poussées hors des profondes canopées par la déforestation et fréquentant alors les plantations fruitières servant de pacage. La peste porcine conduit à l'abattage de millions de cochons et de milliers de sangliers et se transmet par des viandes contaminées et par l'intermédiaire d'ouvriers du secteur et d'animaux importés par des chasseurs impatients de les tirer dans leurs bois privés. Enfin, le Sars-COV-2 a vraisemblablement pour dernier ou principal intermédiaire vers l'humain les visons et les chiens viverrins d'élevage chinois, également présents sur les marchés[1]. » De ce fait, il est fort probable que le prochain micro-organisme qui viendra perturber notre monde proviendra d'un élevage industriel, qui, avec sa concentration de milliers d'animaux standardisés,

1. Gil Bartholeyns, *op. cit.*, p. 45-46.

constitue bel et bien le foyer idéal pour l'émergence d'agents infectieux.

À noter que, pour éviter cette possible situation, mais aussi pour accélérer la vitesse de croissance des animaux, le recours aux antibiotiques, devenu omniprésent dans nombre de ces élevages, encourage l'antibiorésistance, à savoir la multiplication de bactéries résistantes aux antibiotiques. Ce qui pourrait « nous ramener aux temps qui ont précédé la découverte de ces antibiotiques[1] » a d'ores et déjà été qualifié par l'OMS de « menace la plus urgente pesant sur la santé mondiale[2] ».

De son côté, le chercheur multidisciplinaire, Mike Davis, décédé récemment, pointe depuis longtemps les risques que font peser l'urbanisation anarchique des bidonvilles, ainsi que leur absence d'infrastructures sanitaires basiques telles que des toilettes, des réseaux d'égouts et d'alimentation en eau propre, dans le développement et la transmission de maladies comme le choléra[3].

Enfin, le docteur en médecine et épidémiologie clinique Jean-David Zeitoun évoque également la responsabilité d'une économie pathogène, à savoir l'explosion de maladies chroniques directement ou indirectement liées à notre système de croissance économique[4]. La malbouffe, créée par

1. Lucile Leclair, *Pandémies, une production industrielle*, Paris, Seuil, 2020, p. 50.

2. *Ibid.*

3. Mike Davis, *Le Monstre est parmi nous. Pandémies et autres fléaux du capitalisme*, Paris, Éditions Divergences, 2020.

4. Jean-David Zeitoun, *op. cit.*, p. 45.

l'industrialisation de l'alimentation et encouragée par l'omniprésence des aliments ultra transformés (jusqu'à 80 % du volume des supermarchés) ; mais aussi l'explosion de comportements pathogènes (addictions, suicides...), en particulier chez des populations victimes d'un sentiment de déclassement socio-économique, d'un manque de perspective et de l'effondrement de structures collectives (religions, emploi, etc.[1]). Ces « morts du désespoir[2] », qui peuplent de nombreuses régions désindustrialisées, risquent de se multiplier encore et encore étant donné l'explosion des inégalités et la précarité dans des zones géographiques auparavant prospères.

La santé, une industrie comme les autres ?

Les lignes qui précèdent mettent en évidence les facteurs qui menacent de provoquer une forte augmentation de la « demande » de soins. Or, face à cet accroissement de risques sanitaires et dans un contexte de contraction énergétique et matérielle, l'« offre » de soins pourrait-elle être à la hauteur ? Rien n'est moins sûr eu égard aux tensions qui pèsent d'ores et déjà sur nos systèmes de santé.

Commençons d'abord par rappeler que ces systèmes se sont, à l'instar du reste de la société, fortement

1. *Ibid.*, p. 158.

2. Selon l'expression des économistes Anne Case et Angus Deaton dans *Deaths of Despair and the Future of Capitalism*, Princeton, N. J., Princeton University Press, 2020 (traduction française, *Morts de désespoir. L'avenir du capitalisme*, Paris, PUF, 2021).

industrialisés. De ce fait, la totalité des infrastructures (hôpitaux, ambulances, hélicoptères, réseaux électriques, etc.), des technologies (scanners, radios, respirateurs, instruments médicaux, etc.) et des biens (compresses, désinfectants, seringues, masques, gants, médicaments, etc.) qui les constituent sont également dépendants d'une énergie et de matières premières abondantes ainsi que de chaînes d'approvisionnement longues et complexes. D'autant plus que comme les magasins ou les usines, hôpitaux et pharmacies fonctionnent majoritairement en flux tendu, ce qui les rend tout aussi vulnérables en cas de perturbation ou d'explosion de la demande (en situation d'épidémie ou de catastrophe par exemple). Il n'y a donc aucune raison que le secteur des soins échappe aux tensions évoquées tout au long de cette première partie. On se rappelle bien sûr le manque de masques au début de la pandémie de Covid-19. Les pénuries de médicaments, quant à elles, sont en forte augmentation ces dernières années. « En 2016, on compte 405 signalements auprès de l'Agence nationale de sécurité du médicament et des produits de santé (ANSM) ; 1504 en 2019 et, en 2021, 2446[1]. » Parmi les principales causes, on note une concurrence entre les marchés d'exportations, le manque d'emballage ainsi que celui de matières premières, notamment les principes actifs. Soulignons qu'environ 80 % de ces principes actifs sont produits en Chine et en Inde[2], et que seules quelques usines (toutes chinoises)

1. Pauline Londeix et Jérôme Martin, *Combien coûtent nos vies ? Enquête sur les politiques du médicament*, Paris, 10/18, 2022, p. 45.

2. *Ibid.*, p. 51.

fabriquent du paracétamol pour l'ensemble du monde[1], ce qui questionne grandement la souveraineté médicale de nos pays. C'est d'autant plus préoccupant qu'une partie grandissante de la population souffre de maladies chroniques dont le traitement passe par une prise quotidienne de médicaments. L'on peut penser aux personnes diabétiques ou atteintes d'hypertension. Décision révélatrice, celle du gouvernement français en septembre 2023 de rendre obligatoire la distribution de certains antibiotiques à l'unité afin d'éviter des ruptures de stock. Que se passera-t-il si ces médicaments viennent à disparaître des officines pharmaceutiques ? Même sans en arriver à de telles situations, le renchérissement des intrants nécessaires à leur fabrication et à leur distribution va nécessairement conduire à une augmentation de leur prix, qui plus est dans un système où ces prix sont d'abord fixés pour satisfaire les profits des firmes pharmaceutiques. À cet égard, plusieurs médicaments soignant des pathologies très rares font déjà l'objet d'une situation de pénurie en raison du manque de rentabilité qu'ils constituent. Ce qui pose évidemment question en matière d'accès équitable aux soins de santé et du contrôle public sur ces firmes. Car on l'oublie souvent, les entreprises pharmaceutiques sont avant tout… des entreprises. Qui plus est cotées en bourse. Ce qui les oblige à dégager des marges bénéficiaires les plus élevées possibles. D'où une focalisation sur les médicaments les plus rentables (c'est-à-dire ceux à destination d'une population nombreuse et disposant

1. David Hercot, « Médecine sans énergies fossiles ?! », interview pour le média en ligne *Limit TV*, 2023.

d'un pouvoir d'achat élevé) mais aussi des politiques de délocalisations industrielles motivées par la recherche de normes sociales et environnementales les moins contraignantes possibles. Le résultat : un accès aux médicaments de plus en plus inégal et compliqué, alors que le secteur pèse près de mille milliards de dollars à l'échelle mondiale[1].

Des systèmes de santé sous pression

L'autre grand problème qui pèse sur nos soins de santé est l'état de délabrement dans lequel se trouvent de plus en plus d'hôpitaux. Un manque de personnel, des politiques de réduction des coûts et une gestion de plus en plus comptable et bureaucratique de la santé constituent les principaux facteurs expliquant la situation désastreuse de l'hôpital public, et ce, dans de nombreux pays, y compris parmi les plus riches du monde. Avec pour conséquence un cercle vicieux dans lequel moins de moyens financiers combinés à une surcharge administrative (notamment contrainte par la nécessité de solutionner les pénuries de médicaments) rendent les conditions de travail plus pénibles, le risque d'erreur médicale plus grand et le métier moins attractif. Ce qui renforce encore la pression sur le personnel restant, décourageant davantage ce dernier. Les travailleurs sont donc en première ligne pour subir ces logiques entrepreneuriales appliquées à l'hôpital public (comme à l'ensemble des services publics), lesquelles se résument « non seulement à

1. *Médicaments, les profits de la pénurie*, Arte, 2023.

faire plus avec moins, mais aussi à transformer des travaux socialement utiles en boulots globalement merdiques[1] ». Et, qui plus est, souvent mal payés malgré les déclarations d'intentions lors de l'épidémie de Covid-19. Bien sûr, les patients sont les principales victimes de cette détérioration des soins, ceux-ci étant d'ailleurs davantage considérés comme des « flux[2] » que comme des personnes à prendre en charge le plus humainement possible. Cette situation se matérialise surtout au sein des services d'urgences, de plus en plus souvent saturés, confrontés à des patients agressifs, voire violents, contraints de s'adresser d'abord à ces services en raison de la pénurie de médecins dans de nombreuses zones, notamment rurales. À titre d'exemple, en Wallonie belge, plus de la moitié des communes sont en pénurie de médecins généralistes[3]. Avec de nouveau l'instauration d'un cercle vicieux, au sein duquel les jeunes médecins ne veulent pas venir s'installer là où le manque se fait le plus sentir. Ce phénomène de déserts médicaux a des conséquences bien réelles, en particulier en termes de reports de soins, voire de diminution de l'espérance de vie.

À ces variables vient également s'en ajouter une autre, démographique. En effet, la plupart des pays riches vieillissent, résultat d'un double

---

1. Julien Brygo et Olivier Cyran, *Boulots de merde ! Du cireur au trader. Enquête sur l'utilité et la nuisance sociale des métiers*, Paris, La Découverte, 2016, p. 192.

2. Mathieu Quet, *op. cit.*, p. 52.

3. www.lejournaldumedecin.com/actualite/carte-interactive-la-penurie-de-generalistes-s-aggrave-en-wallonie-le-luxembourg-particulierement-touche/article-normal-69743.html?cookie_check=1691771428

phénomène d'augmentation de l'espérance de vie et de diminution des naissances. Si cette tendance est évidemment une bonne nouvelle en soi, elle va inévitablement s'accompagner d'une forte augmentation des maladies chroniques et des problèmes de santé liés à l'âge, ce qui augure des pressions supplémentaires sur les systèmes de santé. Tout comme la raréfaction des différents éléments évoqués dans les chapitres précédents (eau potable, nourriture, confort de vie), lesquels constituent en soi des facteurs de bonne santé d'une population[1].

Le fossé entre des besoins plus nombreux et une offre de soins plus réduite se traduira donc nécessairement par des arbitrages entre patients et des retards d'intervention pouvant se révéler dramatiques. Rappelons que, comme pour le trafic de porte-conteneurs, le report de soins à la suite de la saturation des services hospitaliers pendant quelques mois peut mettre plusieurs années à être rattrapé.

Enfin, rappelons que ces tensions sont déjà perceptibles et préoccupantes au sein de situations sanitaires « normales » en France (des services d'urgence se voient contraints de fermer certaines nuits par manque de personnel). On peine à les imaginer lors d'événements plus « exceptionnels », qui plus est se renforçant mutuellement. Des catastrophes de grande ampleur peuvent ainsi perturber l'approvisionnement en fournitures médicales

1. Santé physique mais aussi mentale. À titre d'exemple, la Belgique connaît ces derniers temps une saturation de ses institutions psychiatriques, notamment en raison d'une augmentation des troubles psychologiques chez la population, en particulier les jeunes.

ainsi que le fonctionnement d'infrastructures (hôpitaux, réseaux électriques, alimentation en eau potable, etc.), perturbations pouvant à leur tour contribuer à la propagation de maladies.

Le Covid-19, un coup de semonce ?

Bien que ce soit une expérience que nombre d'entre nous préfèrent oublier, cela vaut la peine de revenir brièvement sur la pandémie de Covid-19 et ses conséquences, cette dernière ayant mis en lumière les éléments décrits ci-avant, ce qui devrait (aurait dû ?) nous contraindre à remettre profondément en question les logiques qui sous-tendent nos politiques sanitaires, sociales, industrielles et environnementales. Car ce genre d'événements bouleverse deux facteurs déterminants de nos sociétés industrielles et mondialisées : la fluidité et le mouvement. Comme un corps humain ne peut fonctionner correctement sans un flux constant de nutriments et leur transfert entre ses différents organes, la mégamachine ne fonctionne que si les voies de communications sont libérées, les transporteurs assez nombreux et opérationnels, les infrastructures destinées à faire le lien entre les diverses zones géographiques (ports, aéroports, voies de chemin de fer, routes, etc.) en bon état de marche. Une pandémie a ceci d'extraordinaire qu'elle peut remettre en cause l'ensemble de ces éléments pourtant indispensables à nos modes de vie : impossibilité pour les travailleurs de faire tourner des unités de production, d'extraction, de transformation ou de distribution ; fermeture des frontières ; arrêt des exportations de médicaments de la part de pays producteurs préférant d'abord satisfaire leur demande intérieure ; manque de main-d'œuvre dans des secteurs indispensables ; arrêt quasi total du transport aérien ; saturation des systèmes de santé ; difficultés potentielles à faire tourner des infrastructures stratégiques (réseaux électriques, alimentation en eau potable, centrales nucléaires, etc.) ; soucis financiers pour des millions de ménages ; tensions politiques et sociales ; sentiment de méfiance généralisé ; etc.

Nous avons vu que ce déroulement n'était plus uniquement de la science-fiction. D'autres crises de ce genre (voire plus graves, rappelons que le Covid-19 n'était pas une maladie « si létale que ça », du moins au regard d'autres agents pathogènes existants) sont non seulement possibles, mais probables compte tenu des éléments passés en revue. Globalement, aucune leçon n'a véritablement été tirée et cette pandémie restera une occasion manquée, tant la pression exercée sur les écosystèmes de la planète et notre absence d'autonomie dans la plupart des secteurs évoqués dans ce livre sont encore quasi totales. Comme certaines voix cyniques l'affirmaient, « le monde d'après est différent du monde d'avant, il est pire ».

Il est donc urgent de prendre ces problèmes à bras-le-corps, d'autant plus que la prévention prend du temps. Tout retard supplémentaire risque de nous précipiter vers des situations encore plus difficiles.

SECONDE PARTIE

Prévenir ou guérir ?

6

Capitalisme, le ver était dans le fruit

Au-delà des constats, il est fondamental de questionner les raisons qui nous ont précipités dans cette situation. On l'a constaté, la majorité de nos besoins énergétiques, matériels, industriels et agricoles provient dorénavant des quatre coins du monde. Nous avons vu que les progrès dans les transports (eux-mêmes découlant des énergies fossiles) et les communications ont compté parmi les principaux facteurs de cette tendance. Mais cette dernière résulte également de choix politiques et géopolitiques. Ne confondons pas le *phénomène* de mondialisation, à savoir le processus d'interconnexion entre l'ensemble des régions du monde, et le *projet politique* de mondialisation tel que nous le connaissons, c'est-à-dire essentiellement sous une forme néolibérale. Ce corpus idéologique étant entendu comme la transformation du monde en un gigantesque marché au sein duquel les grandes entreprises, les mouvements de capitaux et les échanges commerciaux jouissent d'une liberté quasi totale qui positionne les États dans une subordination vis-à-vis des grands groupes financiers, industriels, miniers, énergétiques, agricoles, etc. Développer ce point dépasserait les limites de cet ouvrage et ne ferait que répéter des choses déjà écrites ailleurs[1]. Mais il est capital de le mentionner car l'idée de spécialisation, dont nous avons vu la place centrale qu'elle occupe dans nos échanges internationaux ainsi que ses conséquences, n'est en rien inéluctable et fait partie intégrante de cette idéologie néolibérale.

Sacré Ricardo !

Cette idée de spécialisation est en réalité assez ancienne et résulte probablement des premiers empires, conformément au modèle, cher aux géographes, appelé « centre-périphérie ». Ce dernier stipule qu'une zone géographique donnée (le centre) concentre les commandements économiques et politiques, et s'enrichit en exploitant d'autres territoires (les périphéries), et ce, en structurant leur économie en fonction de ses besoins propres. Cette idée va connaître un tournant majeur, et mondial, à partir des « grandes découvertes » (XVe-XVIe siècle), époque durant laquelle une partie du monde occidental va s'approprier des millions d'hectares sur tous les continents habités et les transformer en réservoirs de matières premières. La spécialisation sera au cœur de nombre d'entreprises coloniales, avec en particulier l'approvisionnement en produits tropicaux (canne à sucre, coton, café, caoutchouc, guano, etc.) au profit des régions tempérées (Espagne, Portugal, Hollande, Belgique, France, etc.). Sur le terrain,

1. Renaud Duterme, *op. cit.*

elle se traduisit par l'imposition de monocultures agricoles, d'exploitations minières et de réseaux de transports orientés vers la métropole (routes, chemins de fer, ports).

C'est au moment de l'apogée des empires coloniaux européens qu'un économiste anglais, David Ricardo (1772-1823), va élaborer une théorie économique célèbre : les avantages comparatifs. Selon cette dernière, chaque pays a intérêt à se spécialiser dans la production pour laquelle il possède l'avantage comparatif le plus grand. Entendez par là un climat favorable à telle culture, un sous-sol regorgeant d'un type de minerai, un savoir-faire autour d'une certaine production industrielle, etc. Quand bien même un pays pourrait bénéficier de plusieurs avantages pour différents produits ou cultures, Ricardo conseille de se focaliser sur un seul ou quelques-uns. Dans le sillage du mécanisme de la main invisible d'Adam Smith, théorie selon laquelle « la recherche des intérêts particuliers aboutit à l'intérêt général », le résultat serait une sorte d'harmonie commerciale profitant à tous les pays. Difficile de dire si Ricardo croyait vraiment en sa théorie. Toujours est-il qu'une des principales raisons de son succès fut indéniablement le fait qu'elle justifiait des politiques qui servaient principalement les intérêts des grandes puissances de l'époque, Grande-Bretagne en tête. Car loin d'être gagnant-gagnant, ce système sert évidemment les économies fondées sur la production de biens à forte valeur ajoutée au détriment de celles fondées sur l'exportation de matières premières. Cette situation de spécialisation et d'échange inégal, dénoncée de longue date par divers auteurs, souvent marxistes[1], perdurera après les indépendances, notamment via les politiques de la Banque mondiale et du FMI, lesquels vont conforter ces pays dans ce modèle afin d'acquérir des devises, en particulier pour rembourser leur dette. Cette configuration garde donc une pertinence dans de nombreuses nations anciennement colonisées, toujours prisonnières d'une économie peu diversifiée et axée autour des matières premières ou des produits à faible valeur ajoutée, et *de facto* en situation de dépendance technologique vis-à-vis des pays riches.

Outre l'approvisionnement en matières bon marché, ce système avantage également les pays les plus aisés en ce sens que les nuisances inhérentes à de nombreuses activités productives sont de fait délocalisées et donc situées loin des principaux lieux de consommation. Ce qui contribue indéniablement à légitimer un système auprès des populations de ces pays puisqu'il invisibilise toutes les conséquences sociales et environnementales de nos systèmes de production[2]. Et ce, alors même, nous l'avons vu, que ces nuisances sont dorénavant telles qu'elles en viennent à perturber l'ensemble des cycles géophysiques de la planète, ce qui inclut les pays les plus prospères.

Toutes proportions gardées, la logique de spécialisation et d'éclatement spatial des différentes activités s'applique aussi à l'organisation de nos territoires et de nos quotidiens. En effet, chacune

1. Rosa Luxemburg, Ernest Mandel, David Harvey, Éric Toussaint, etc.

2. Renaud Duterme et Éric de Ruest, *op. cit.*

de nos activités s'effectue dorénavant dans un lieu distinct des autres, parfois de plusieurs dizaines de kilomètres. On loge dans un quartier pavillonnaire en périphérie des villes. On travaille dans un centre urbain. On effectue ses courses dans une zone commerciale. On pratique un sport dans un autre endroit. Et entre toutes ces activités, on effectue des déplacements, majoritairement en voiture. Cet agencement, théorisé au sein du fonctionnalisme urbain, résulte en effet de la généralisation de l'automobile mais trouve sa source dans le développement des grands moyens de communication. Ceux-ci vont favoriser non seulement la multinationalisation des grandes firmes mais également la concentration de nombreux services (centres de commandement, unités de marketing, finances, bureaux d'étude, etc.) dans les grands centres économiques que sont les métropoles. Ce modèle de centralisation est évidemment en contradiction avec une gestion durable des ressources puisqu'il est totalement tributaire d'un pétrole abondant et bon marché, mais aussi parce qu'il implique et centralise des flux de matières et de personnes, et ce, en ponctionnant d'autres territoires plus ou moins lointains.

La finance aux commandes

On l'a vu, l'objectif, et donc la conséquence, de l'hégémonie néolibérale est d'avoir peu à peu supprimé toute entrave au marché, à savoir la libre circulation des marchandises et des capitaux. Les grandes entreprises se sont dès lors mondialisées, notamment sous la pression d'actionnaires, dorénavant leurs véritables propriétaires et décideurs.

Auparavant, de nombreux patrons avaient une volonté de contrôle sur la totalité de la chaîne d'approvisionnement. Dans un de ses passionnants ouvrages d'histoire contée, Bill Bryson évoque ainsi la vision d'Henry Ford, qui « s'arrangeait toujours pour maîtriser tous les éléments de la chaîne logistique. C'est pourquoi il possédait des mines de fer et de charbon, des forêts et des scieries, une compagnie de chemins de fer et une flotte de navires. Quand il avait décidé de fabriquer lui-même ses pare-brises, il était devenu le deuxième producteur mondial de verre en un rien de temps [...]. Il ne supportait pas l'idée de devoir interrompre la production parce qu'un despote étranger ou une coalition d'entreprises lui refuserait l'accès à un produit dont il avait besoin[1] ». Ce genre de considérations n'intéresse que peu les actionnaires, lesquels ne connaissent d'ailleurs plus vraiment l'entreprise en tant que telle. D'un modèle vertical, les grandes compagnies sont passées à une configuration horizontale au sein de laquelle chaque étape de la production est délocalisée dans une région en fonction des avantages que le territoire a à « offrir » (salaires bas, absence de normes sociales ou environnementales, présence de matières premières, existence d'un marché, infrastructures de transport, etc.), afin de garantir des marges indécentes aux actionnaires.

Ce faisant, le monde est entré dans un capitalisme sous sa forme la plus pure au sein duquel, pour reprendre la célèbre formulation de Karl Polanyi, l'économie s'est peu à peu désencastrée de la

1. Bill Bryson, *L'Été où tout arriva. 1927, l'Amérique en folie*, Paris, Payot, 2018, p. 317.

société[1]. Pour le dire autrement, tout est secondaire par rapport aux impératifs de profits, notamment la multiplication des risques causée par l'élargissement des chaînes de production. Victor Court, déjà cité, résume ainsi de façon magistrale : « Par la recherche effrénée des profits à court terme, la globalisation du capitalisme fossile a engendré des chaînes d'approvisionnement internationales en flux tendu, avec relativement peu de substituts et de redondance, obligeant tous les pays à être extrêmement dépendants les uns des autres. Cette interdépendance rend les sociétés intrinsèquement plus vulnérables, car n'importe quelle instabilité économique à un endroit donné se répercute en seulement quelques heures à l'autre bout du monde, qu'elle émane de la sphère financière ou de l'économie réelle[2]. » On ne compte plus les exemples illustrant cet état de fait, de la crise financière de 2008 jusqu'à l'invasion de l'Ukraine, en passant bien sûr par la pandémie de Covid-19. Cet effet domino est somme toute conforme à une des contradictions du capitalisme énoncée par l'économie marxiste (ici à travers la plume d'Ernest Mandel), à savoir celle « entre la socialisation objective de la production et le maintien de la production privée des produits, du profit et des moyens de production. C'est au moment où l'interdépendance des entreprises, des branches, des pays, des continents, est la plus avancée, que le fait que tout ce système ne fonctionne que d'après les ordres et les calculs de profit d'une poignée de magnats capitalistes relève

---

1. Karl Polanyi, *La Grande Transformation*, Paris, Gallimard, 1983.
2. Victor Court, *op. cit.*, p. 323.

pleinement son caractère à la fois économiquement absurde et socialement odieux[1] ».

Le paroxysme de cette situation a justement été atteint avec la toute-puissance de la finance (matérialisée par les grandes banques, fonds d'investissement, etc.), lui permettant de parasiter la société, c'est-à-dire de s'en nourrir à ses dépens. Rien de mieux (ou de pire) pour comprendre cela que l'influence de la spéculation sur l'approvisionnement et les prix de nombreuses matières et produits. Un cas d'école étant l'explosion des prix de l'énergie survenus seulement quelques heures (voire moins) après l'invasion russe, comme si cette invasion allait simultanément engendrer des tensions sur la production ou l'approvisionnement de pétrole ou de gaz. En réalité, la hausse des cours résultait exclusivement d'anticipations de la part d'acteurs de la finance, du transport[2] ou du secteur énergétique qui ont vu dans le déroulement des événements des perspectives de profits faramineuses. Et tant pis si ces profits se sont faits au détriment d'une majorité de la population n'ayant bientôt d'autre choix que de subir ces hausses de prix qui allaient concerner l'ensemble de ses achats. En fait, il ne semble pas exagéré d'affirmer que de nombreux problèmes ne le

1. Ernest Mandel, *Introduction au marxisme*, Bruxelles, Éditions Léon Lesoil, 2007, p. 75.

2. Non seulement les armateurs jouent sur le nombre de navires en circulation afin d'influer sur les prix du transport. Mais nombreux sont les acteurs utilisant des bateaux comme espaces de stockage, leur permettant de revendre le produit lorsque survient une hausse des prix. Claire Flécher, *À bord des géants des mers. Ethnographie embarquée de la logistique globalisée*, Paris, La Découverte, 2023, p. 33.

deviennent vraiment qu'en raison de la financiarisation et de la spéculation.

Un monde sans main-d'œuvre ?

Les politiques de spécialisation et de recherche de profits maximaux ont bien sûr d'importantes conséquences sur les travailleurs, lesquels sont de plus en plus considérés comme une ressource interchangeable, voire comme un simple déterminant comptable. Ce qui explique de nombreuses tensions persistantes sur des professions pourtant indispensables au bon fonctionnement de nos sociétés.

De nombreux pays sont dans une situation *a priori* paradoxale dans laquelle des taux de chômage relativement élevés côtoient des dizaines de métiers en pénurie. Pour la Wallonie belge, ce ne sont pas moins de 158 métiers en manque de main-d'œuvre qui sont recensés[1], parmi lesquels l'on retrouve nos chauffeurs routiers, nos médecins et infirmiers, mais aussi beaucoup d'emplois d'artisans, liés au secteur du bâtiment ou encore de l'HORECA (hôtellerie, restauration, cafés). Les causes, multiples, sont notamment à chercher dans des phénomènes déjà mentionnés.

La logique de spécialisation a ainsi conduit à la délocalisation d'entreprises, voire de secteurs entiers, comme en témoignent les nombreuses régions désindustrialisées d'Europe (nord de la France, Wallonie belge, sud-est de l'Angleterre)

1. *Le Soir*, 5 juillet 2023.

ou des États-Unis (région des Appalaches ou des Grands Lacs). Avec ces délocalisations, ce sont des savoir-faire, des identités et des filières entières qui se sont évaporés avec toutes les conséquences que l'on connaît en matière de pauvreté, d'exclusion et de désertification, puisque les travailleurs de ces secteurs, souvent liés à l'industrie ou à l'extraction des matières premières, ont des compétences et des formations qui ne s'accordent que très peu avec les exigences de nos sociétés de services et de bureaux.

À ces variables s'ajoute également une dimension géographique, une part croissante des métiers d'aujourd'hui s'exerçant principalement dans les centres urbains, ce qui accroît la dichotomie entre d'une part, des métropoles dynamiques concentrant richesses ainsi que centres de commandement, et aspirant les talents, notamment via la concentration des écoles supérieures et des universités, et d'autre part des zones plus éloignées qui déclinent à la fois sur les plans économique et démographique.

De son côté, l'automatisation engendre évidemment de nombreuses pertes d'emplois, voire la disparition pure et simple de certains métiers. Et si les promesses quant au développement de l'intelligence artificielle sont tenues (ce qui n'est pas sûr vu les contraintes physiques pesant sur le déploiement numérique à plus grande échelle), ce sont des dizaines de professions qui risquent d'être remplacées par des machines. Ce raisonnement peut sembler saugrenu dans un texte sur les pénuries de main-d'œuvre. Le lien est pourtant plus évident qu'il n'y paraît car si l'automatisation facilite sans doute quantité de tâches, elle génère également une intensification du travail ainsi qu'une perte de liberté et de sens chez les travailleurs. La question est pourtant cruciale pour une majorité d'entre eux (ce qu'ont du mal à comprendre les représentants politiques pour qui la problématique de l'emploi se limite à une question de statistiques). Cette perte de sens, souvent associée à une gestion managériale et à des salaires permettant à peine de bénéficier d'un niveau de vie acceptable, présente dans de plus en plus de domaines, diminue l'attractivité de nombreux emplois, en particulier dans les services d'aide à la personne, mais aussi dans l'administration, l'agriculture ou l'enseignement. L'explosion des *burn out* ou encore le phénomène de Grande démission, à laquelle l'on a assisté dans plusieurs pays riches à la suite de l'épidémie de Covid-19, sont révélateurs de cette tendance. À noter que la logistique participe à la dégradation des conditions de travail, notamment parce qu'elle stimule l'intensification des tâches, avec pour but de « maximiser l'exploitation de l'activité de déplacement par la compression des salaires, l'externalisation de toute dépense, la réduction au minimum de la formation des opérateurs, et une mise sous pression managériale high-tech qui pousse les employés à prendre toujours plus de risques pour assurer la cadence[1] ». Et cela donc au détriment des travailleurs, comme le résume Mathieu Quet : « Le juste-à-temps et la sécurisation de la chaîne de distribution prospèrent sur une violence quotidienne exercée sur les corps au travail. La menace permanente de la rupture du flux est l'un des puissants moteurs qui activent

1. Mathieu Quet, *op. cit.*, p. 77.

le travail et justifient des régimes d'organisation oppressifs[1]. »

En outre, les tensions s'exerçant sur certains métiers s'expliquent également par l'avènement d'une société de loisir et de confort, essentiellement rendue possible, rappelons-le, par une énergie bon marché. Cet avènement a conduit une partie significative de la population à bénéficier depuis sa naissance d'un mode de vie relativement facile, dépourvu de contraintes physiques et matérielles. Avec pour conséquence, une relative aversion pour des métiers difficiles, aux horaires décalés et incompatibles avec un équilibre familial ou sanitaire. C'est sans doute ce qui explique le manque de candidats boulangers, routiers, infirmiers, etc. Évidemment, ce phénomène s'inscrit dans un contexte de dévalorisation des filières et des métiers manuels, créant l'illusion d'une possible société uniquement constituée d'employés de bureaux, de cadres et d'influenceurs. Chose d'autant plus regrettable que nombre de ces métiers vont se révéler cruciaux dans les prochaines années, précisément en raison des tensions à venir (agriculture, rénovation et isolation des bâtiments, chauffeurs, etc.). Car un pays au sein duquel près de trois quarts des emplois appartiennent au secteur tertiaire est mécaniquement plus vulnérable aux perturbations des chaînes logistiques mondiales.

Enfin, la catastrophe écologique qui se profile et l'incapacité de nos dirigeants à y faire face conduisent de nombreux jeunes à refuser de participer, par leur travail, à cette entreprise de destruction à laquelle

1. *Ibid.*, p. 82.

se livrent de nombreux secteurs et multinationales (exploitation minière et pétrolière, agrobusiness, finance, etc.). On se souvient des discours prononcés par une poignée d'étudiants d'AgroParisTech lors de leur cérémonie de diplôme, pour qui leur formation « pousse à participer aux ravages sociaux et écologiques en cours ».

Tensions sociales en perspective

Nous avons déjà esquissé une contradiction du capitalisme. Parmi les nombreuses autres, il en est une qui nous permet de comprendre et d'anticiper plusieurs types de perturbations d'approvisionnement appelées à se multiplier. Là encore, l'économie marxiste est une des plus à même d'appréhender cette contradiction « entre la tendance du régime capitaliste à développer les forces productives de manière illimitée et les bornes étroites qu'il doit obligatoirement imposer à la consommation individuelle et sociale de la masse des travailleurs, puisque le but de la production reste le maximum de plus-value, ce qui implique forcément la limitation des salaires[1] ». En d'autres termes, la pression sur les salaires (mise en place via des mesures gouvernementales ou imposée par le chantage à la délocalisation et la concurrence entre les travailleurs du monde entier) engendre un manque de débouchés pour les marchandises produites, ce qui induit des crises de surproduction périodiques. Nous renvoyons à nouveau le lecteur vers un autre ouvrage

1. Ernest Mandel, *op. cit.*, p. 75.

dans lequel nous avons analysé les différentes pratiques du système pour surmonter ces crises[1]. Mais ce qui nous intéresse ici, c'est que les salaires trop bas provoquent inévitablement des impacts sociaux tels qu'une explosion des inégalités, une hausse du chômage, une augmentation de la pauvreté, une baisse des dépenses sociales, une détérioration des services publics, autant de facteurs générant une diminution du niveau de vie, voire un déclassement pour une partie de la population, ce qui peut encourager des tensions sociales. Ces tensions sociales, le plus souvent légitimes, sont à même de déstabiliser les appareils productifs, les infrastructures de transport ou les lieux de consommation. Manifestations, émeutes, blocages, grèves, piratage, actes de sabotage, attentats : autant d'événements capables de gripper la machine et d'obstruer la fluidité des marchandises. Et c'est particulièrement le cas pour les travailleurs de la logistique (chauffeurs, dockers, magasiniers, opérateurs entrepôts, etc.), lesquels, bien que possédant « souvent des positions subalternes et étant parmi les derniers à bénéficier de l'enrichissement engendré par l'économie mondiale, occupent des positions stratégiques dans la chaîne de distribution[2] ». Car comme le souligne Mathieu Quet, « pour toucher le capital là où ça lui fait mal, il faut stopper la circulation des marchandises[3] ». Raisonnement similaire du côté du Comité invisible, collectif d'auteurs anonymes défendant une ligne insurrectionnelle et pour qui « le pouvoir réside

1. Renaud Duterme, *op. cit.*
2. Mathieu Quet, *op. cit.*, p. 120.
3. *Ibid.*, p. 122.

désormais dans les infrastructures de ce monde[1] ». D'où leur appel à multiplier les blocages de raffineries, de ponts, de ports, de centrales électriques, etc. Cette conception du système semble viser juste, en atteste l'acharnement de nombreux gouvernements contre ce type d'actions (criminalisation de la grève et des mouvements sociaux, répression policière contre les blocages des raffineries, accusations délirantes contre des militants écologistes, etc.). Notons que ces méthodes d'action sont relativement anciennes et se rapprochent du sabotage, très présent lors de l'époque industrielle et consistant à « opposer tous les obstacles possibles au bon déroulement du travail[2] », suivant la célèbre devise : « À mauvais salaire, mauvais travail ».

Aujourd'hui, ce sont également de plus en plus d'activistes environnementaux qui encouragent le démantèlement, voire la destruction des nouveaux dispositifs émetteurs de CO_2 au nom de l'urgence climatique, posture popularisée par le géographe suédois Andreas Malm, auteur d'un livre au titre particulièrement explicite, *Comment saboter un pipeline*[3].

Malheureusement, ce type d'actions peut poursuivre des objectifs moins louables et/ou s'accommoder de graves atteintes à des populations civiles.

---

1. Comité invisible, *À nos amis*, Paris, La Fabrique, 2014, p. 83. Le Comité est également l'auteur du succès de librairie *L'Insurrection qui vient* (Paris, La Fabrique, 2007).

2. Rudolf Rocker, *Théorie et pratique de l'anarchosyndicalisme*, Bruxelles, Aden, 2010, p. 152.

3. Andreas Malm, *Comment saboter un pipeline*, Paris, La Fabrique, 2020.

Fin 2022, plusieurs attentats préparés par une mouvance d'extrême droite ont été déjoués en Allemagne. Visant à installer un chaos et à déstabiliser l'État, ils auraient ciblé des infrastructures électriques et ferroviaires, faisant dire à un haut représentant de l'armée allemande que « chaque transformateur électrique, chaque centrale électrique, chaque tuyau de transport d'énergie constitue une cible potentielle[1] ». Et même quand ce n'est pas le premier but recherché, des attentats de grande ampleur en viennent à provoquer des perturbations logistiques, à l'instar du 11 septembre 2001 à la suite duquel le durcissement des contrôles frontaliers entraîna la fermeture d'usines automobiles dans le Michigan en raison du manque d'importations[2]. On peut aussi mentionner les campagnes de piratages avec rançons de plus en plus fréquentes et qui ont déjà eu des conséquences bien réelles, notamment pour des milliers de patients pris en charge dans des hôpitaux touchés par ce genre d'attaques.

Notons que le blocage des voies d'approvisionnement peut aussi être motivé par des velléités contre-révolutionnaires, comme ce fut le cas au Chili en 1973 avec la grande grève des camionneurs faisant suite à la victoire du gouvernement de gauche de Salvador Allende. Ces mobilisations furent fomentées par des forces réactionnaires et par la CIA dans le but, réussi, de déstabiliser le pays et par là de favoriser le coup d'État sanglant du général Pinochet.

1. « Au lendemain du sabotage du réseau ferré en Allemagne, l'enquête avance et certains regards se tournent vers la Russie », *Le Monde*, 09 octobre 2022.

2. Marc Levinson, *op. cit.*, p. 423.

La fausse bonne idée du repli sur soi

On vient de le voir, l'incapacité des gouvernements à anticiper et à faire face aux pénuries à venir va exacerber le mécontentement d'une partie croissante de la population, ce qui augure d'importants conflits sociaux, mais aussi de possibles replis identitaires. L'on sait que la perte de repères peut favoriser des tentations communautaires, xénophobes voire racistes. Politiquement, cela peut se traduire par le soutien à des mesures de durcissement des politiques migratoires, de fermetures des frontières, de protectionnisme économique, ou de sorties d'accords multilatéraux. Nous verrons que les deux derniers points devraient plutôt s'inscrire au sein d'une politique globale fondée sur la justice sociale et internationale. Il n'empêche qu'encore une fois, ces mesures ont principalement comme résultat de perturber de nombreuses chaînes d'approvisionnement puisque, nous l'avons vu, l'essentiel de ces dernières dépendent précisément d'une ouverture économique sans entraves. Le cas du Brexit a été de ce fait emblématique puisque la sortie du Royaume-Uni de l'Union européenne a entraîné d'importantes réactions en chaîne telles que des problèmes de main-d'œuvre dans des secteurs traditionnellement surtout occupés par des personnes étrangères (transport routier, récoltes agricoles, secteur de la santé, etc.) ou des tensions autour des zones de pêche disputées avec d'autres pays européens, France en tête. Cet exemple doit être gardé à l'esprit si l'on considère les promesses de lendemains qui chantent consécutives à l'adoption de politiques plus restrictives en matière d'immigration promues par de nombreux mouvements réactionnaires. Qui plus est dans des contextes de vieillissement de la population augmentant encore la pression sur certaines professions. À l'inverse, les milliers de personnes cherchant au péril de leur vie à gagner nos pays (tendance qui risque de s'accentuer au regard de la situation géopolitique et écologique de beaucoup de régions) pourraient clairement avoir un rôle à jouer dans le passage vers des sociétés plus autonomes. Les tâches à accomplir pour y parvenir vont nécessiter une main-d'œuvre importante dans quantité de secteurs, un besoin auquel pourraient répondre des populations migrantes, à condition qu'il leur soit réservé un accueil digne et réparti sur le territoire de façon à favoriser leur intégration auprès de populations locales souvent plus ouvertes qu'on ne le laisse à penser.

Par ailleurs, on évoque rarement les conséquences logistiques et écologiques du renforcement des contrôles aux frontières. Il va de soi qu'empêcher des personnes de passer ne pourra se faire qu'au détriment de la fluidité des marchandises. Checkpoints, files d'attentes, vulnérabilité face aux différents trafics, incertitude quant au temps de passage, insécurité et développement de la contrebande, autant d'éléments qui sont déjà le lot de milliers de routiers au passage de certaines frontières. Pour s'en convaincre, il suffit de voir le chaos qui émerge lors de la fermeture de certains postes de contrôle. Dans un monde en contraction et en pleine déliquescence écologique, il serait donc judicieux de questionner la pertinence de ces dispositifs sécuritaires (murs, barrières électrifiées, clôtures barbelées, caméras, dispositifs électroniques de surveillance, détecteurs de mouvements, etc.) présents sur près de 40 000 kilomètres, gourmands en énergie et en matières, et affectant durablement les écosystèmes locaux, notamment via l'artificialisation et la fragmentation des habitats naturels[1]. Et pour quel résultat puisque l'on sait que les murs ne font que contraindre les migrants à prendre des routes plus dangereuses et alimenter les réseaux mafieux.

Géopolitique de l'approvisionnement

On s'en doute, des ressources de plus en plus rares risquent d'attiser des tensions géopolitiques, et ce, à toutes les échelles. Et par l'interconnexion extrême qui caractérise nos sociétés, ces tensions auront pour effet d'augmenter les pressions sur ces ressources. Au niveau international, les pénuries obligeront avant tout les pays non producteurs à sécuriser leurs approvisionnements, quand bien même ils le feront par des politiques étrangères contraires à leurs engagements internationaux. Accords bilatéraux, soutien à des régimes autoritaires, déstabilisation de gouvernements, appui à des mouvements rebelles ou à des régions sécessionnistes, invasions, guerres, l'histoire récente a montré que les grandes puissances ne reculaient devant rien pour défendre leurs intérêts géostratégiques. De l'Irak à l'Ukraine en passant par le Niger, le Honduras ou le Congo, la liste des pays ayant subi l'ingérence d'entreprises ou d'États étrangers est immense.

1. Stéphane Rosière, *Frontières de fer. Le cloisonnement du monde*, Paris, Syllepse, 2020.

Rien de nouveau sous le soleil donc. Depuis l'époque coloniale, les grandes puissances se sont approvisionnées en ressources par des moyens peu recommandables tels que le pillage, la mainmise sur des entreprises nationales, le recours à des groupes mafieux ou militaires ainsi que des politiques de libéralisation forcée, massivement imposées par les institutions internationales (FMI et Banque mondiale en tête). Des diamants au cobalt en passant par le bois ou le lithium, la plupart des matières premières ont été tôt ou tard le principal objet d'enjeux géopolitiques.

Indépendamment de la question du droit international (qui devrait être fondamentale, voire prioritaire, entendons-nous bien), ces conflits potentiels sont à leur tour facteur d'instabilité et de déstabilisation des grandes chaînes d'approvisionnement. On l'a vu avec l'Ukraine. On le verra probablement de façon plus importante encore avec Taïwan si la Chine met dans un futur proche ses menaces d'invasion à exécution. On a déjà évoqué les semi-conducteurs massivement fabriqués sur l'île. On peut aussi parler des terres rares, des principes actifs et des objets de consommation en tout genre provenant massivement de Chine.

Du côté des pays les mieux dotés en ressources en voie de raréfaction, le risque est d'abord que ceux-ci appuient des politiques de préférence nationale, principalement en réduisant leurs exportations au bénéfice de leurs besoins intérieurs. Ce genre de replis s'est déjà vu pour des médicaments, de l'énergie ou des céréales et menace de concerner d'autres biens dans un futur proche. Ce type de politique, que l'on peut qualifier de protectionniste, n'est pas un mal en soi. Contrairement à la fable libérale, la majorité des pays les plus riches le sont devenus en protégeant leurs marchés et en gardant la mainmise sur leurs ressources nationales (et celles d'autres pays soit dit en passant). Mais dans un monde où les échanges vont se complexifier, il faudra nécessairement repenser ce type de choix, en particulier afin qu'ils ne s'accompagnent pas de replis identitaires et belliqueux.

D'autre part, des pays richement dotés en ressources stratégiques et suffisamment militarisés, désireux de ne pas subir de politiques déstabilisatrices, pourraient user de leur position de force pour exercer un chantage sur d'autres en échange de la fourniture des ressources en question. La Russie aurait-elle pu se permettre sa campagne militaire en Ukraine si elle ne détenait pas l'une des plus grandes réserves d'énergie de la planète ? La question va indéniablement se poser pour d'autres puissances, États-Unis et Chine en tête, certains auteurs n'hésitant pas à utiliser l'expression « diplomatie minérale » pour souligner les accords passés entre l'Empire du Milieu et d'autres gouvernements.

Au-delà des ressources, les tensions risquent également de concerner les voies d'approvisionnement. Qu'ils soient acheteurs ou vendeurs, la plupart des pays auront besoin de sécuriser autant que possible les routes (terrestres ou maritimes) par lesquelles transitent les différentes matières échangées. Ce qui implique des politiques d'influence, des négociations, voire le contrôle direct de plusieurs infrastructures présentes au sein de territoires étrangers. Le projet chinois des nouvelles routes de la soie est emblématique de cette tendance. Selon Mathieu Quet, qui parle lui de « captation des flux », « personne ne doute de l'importance stratégique des investissements chinois dans les ports qui se trouvent le long de la nouvelle route de la soie. Les critiques les plus virulentes du programme voient dans ces investissements une inféodation des pays qui les acceptent. Le gouvernement américain s'y oppose fermement, l'Inde s'empresse de réaliser ses propres investissements – au Sri Lanka, à Maurice, en Iran – par peur de se laisser "encercler". Les réactions des différents pays acteurs de cette politique, de la Chine aux États-Unis, sont un bon indice de la compétition qui se joue aujourd'hui autour de la captation des flux, de l'appropriation des voies de circulation, et des tensions internationales que cela engendre[1] ». En outre, l'invasion de l'Ukraine aurait été rendue possible par la construction des gazoducs Nord Stream en mer Baltique (sabotés en septembre 2022), lesquels permettaient à la Russie d'exporter son gaz sans passer par le territoire ukrainien. Cette thèse, développée dans un récent ouvrage de la journaliste Marion Van Renterghem, souligne bien l'importance du contrôle des flux dans la géopolitique régionale et mondiale[2].

Les pénuries sont par ailleurs porteuses de conflictualité au niveau national, voire local. En effet, la raréfaction de toute une série de ressources indispensables à tout un chacun (producteurs et consommateurs), mais aussi les politiques à mener pour éviter que les catastrophes écologiques en cours ne se transforment en cataclysme généralisé, peuvent engendrer

1. Mathieu Quet, *op. cit.*, p. 79.
2. Marion Van Renterghem, *Le Piège Nord Stream*, Paris, Les Arènes, 2023.

des conflits d'usage susceptibles de se matérialiser ponctuellement par des affrontements plus ou moins violents. En France, la question de l'eau, notamment à travers les projets de méga-bassines ont été un exemple de ce qui pourrait se généraliser à bien des endroits de par le monde. L'opposition entre projets divers impliquant une bétonisation des surfaces et la sacralisation des terres agricoles en est un autre. Le cas du projet d'autoroute A69 est révélateur de cette opposition, les uns criant au désastre écologique que cette construction impliquerait, et les autres au désenclavement économique qu'elle représenterait pour les régions traversées. En résumé, les pénuries à venir augurent de multiples arbitrages entre les besoins d'acteurs dont les objectifs risquent de se révéler de plus en plus contradictoires.

Des sociétés verrouillées

Il nous faut pour terminer souligner le fait que la complexité de nos sociétés interconnectées constitue en tant que telle un obstacle à la prévention de potentielles pénuries. Nous avons déjà esquissé le problème de l'inertie inhérente à nos systèmes énergétiques. Mais cette inertie caractérise également l'ensemble de notre système sociotechnique. Des choix posés à un moment donné peuvent emprisonner la société dans sa globalité au sein d'un impossible retour en arrière, du moins pour de longues années. Cette logique du cliquet[1]

---

1. Pablo Servigne et Raphaël Stevens (sous la direction de), *Aux origines de la catastrophe. Pourquoi en sommes-nous arrivés là ?*, Paris, Les liens qui libèrent, 2020, p. 165.

est particulièrement visible dans l'aménagement du territoire dont les politiques ont largement promu l'usage de la voiture individuelle, notamment en favorisant l'habitat individuel et en démantelant les réseaux de transports en commun très présents il y a encore quelques décennies. La mainmise du numérique sur l'organisation de la totalité des infrastructures qui régissent nos vies (hôpitaux, supermarchés, écoles, administrations, etc.) est un autre exemple de retour en arrière quasi impossible. C'est une des raisons (en sus de la gabegie d'énergie et de matières) qui poussent de nombreux lanceurs d'alerte à tirer la sonnette d'alarme sur le désastre que constituerait le déploiement de la 5G. C'est également ce qui rend cruciale la mobilisation contre tout nouveau projet lié au complexe minéral et fossile, tant la construction de nouvelles infrastructures au sein de territoires les enfermerait dans plusieurs décennies d'inaction, rentabilité des investissements oblige[1].

Et si nos gouvernements décidaient de prendre les problèmes évoqués ici à bras le corps, il ne faudrait pas oublier la lenteur des changements à opérer. Ouvrir des mines, recréer des filières techniques, former des travailleurs pour combler les postes vacants, réindustrialiser des territoires, s'assurer une autonomie dans tous les domaines évoqués, autant de mesures dont les délais entre la prise de décision et les premiers résultats tangibles peuvent aller jusqu'à 15 ou 20 ans. Cela explique

1. Dans leur manuel de collapsologie, Pablo Servigne et Raphaël Stevens ont très bien décrit cette logique de verrouillage. *Cf.* p. 95-102.

notamment l'incapacité de nos dirigeants à mener de telles politiques, les effets ne se faisant sentir que bien après la prochaine échéance électorale.

Cette inertie politique se manifeste encore davantage au regard du système des relations internationales, majoritairement organisé autour des principes de compétition économique et de primauté du commerce entre États (ou plutôt entre entreprises d'États différents). Dans ce contexte, rares sont les gouvernements prêts à mener des politiques ambitieuses en matière de réduction de l'empreinte écologique au sens large, lesquels se retranchent fréquemment derrière la faible part de leur contribution au désastre par rapport à certaines grandes puissances. Cet argument se manifeste particulièrement dans les débats autour de la baisse des émissions de CO_2 (ce qui, rappelons-le, n'est qu'un des nombreux aspects de la catastrophe environnementale).

Admettons même qu'un gouvernement fasse le choix de mener bataille sur ce terrain, il risquerait fort de se retrouver isolé sur la scène internationale, voire de subir des pressions de la part de puissances étrangères pour « rentrer dans le rang ». Cette difficulté nous a été donnée par l'Équateur qui, en 2007 et sous l'impulsion du président Rafael Correa, proposait de ne pas exploiter un important gisement de pétrole situé dans une des zones les plus riches en biodiversité du pays, le parc Yasuni. En échange de cette non-exploitation et en guise de compensation au manque à gagner, le gouvernement équatorien demandait une contribution financière à la communauté internationale de trois milliards de dollars annuels (chiffre dérisoire comparé aux budgets mondiaux de l'armement ou de la publicité). Les montants récoltés n'ont pas dépassé les 10 millions de dollars, ce qui a conduit le gouvernement à revenir sur sa décision[1]. Cet exemple nous montre à quel point le rapport de force devra s'inscrire au sein de fortes mobilisations populaires et de politiques radicales d'autonomie afin de ne pas devoir subir les diktats de l'extérieur.

Le verrouillage concerne également et partiellement la nature humaine, laquelle est génétiquement programmée pour trouver un plaisir immédiat dans un mode de vie confortable dans lequel la consommation de biens occupe une place prépondérante. Bien que cette caractéristique biologique soit incontestablement instrumentalisée et accentuée par l'omniprésence de la publicité, des phénomènes de mode et du mode de vie ostentatoire des plus aisés. Il est donc totalement illusoire de parvenir à surmonter ces pénuries sans remettre en cause l'explosion des inégalités qui touche nos pays. On sait que les plus riches exercent une forte pression sur l'environnement au sens large, et ce, quel que soit leur degré de sensibilisation à l'écologie. Mais contrairement à une idée reçue, la précarité accentue aussi les phénomènes de pénuries. Non que les plus pauvres soient les premiers responsables des tensions évoquées. Au contraire et quelle que soit leur conscience environnementale, les ménages aux revenus les plus bas ont *de facto* une empreinte écologique bien inférieure

---

1. Olivier Bonfond, *Il faut tuer TINA. 200 propositions pour rompre avec le fatalisme et changer le monde*, Mons, Éditions du Cerisier, 2017, p. 352.

aux classes supérieures, même quand ces dernières se considèrent comme « écologistes ». Mais force est de constater qu'aujourd'hui encore, de nombreux comportements dits « écologiques » nécessitent des investissements que de nombreuses personnes ne peuvent se permettre. Qui plus est, l'incertitude quant à l'avenir enferme dans des logiques à court terme (achats de produits moins chers mais plus fragiles, courses dans les supermarchés ou en ligne, etc.) qui s'effectuent au détriment de perspectives plus soutenables.

En définitive, les pénuries risquent de survenir et de s'aggraver non seulement en raison des réalités physiques, mais aussi à cause du fonctionnement de notre système économique et technique, de ses contradictions et de ses conséquences sociales.

7

Organiser la pénurie

Vu les difficultés d'extraction, de production, de transport et d'approvisionnement qui s'annoncent dans la plupart des domaines, il semblerait que les pénuries aient un bel avenir devant elles. Et si l'énergie, les matières premières et leurs dérivés – les terres agricoles, l'eau douce, etc. – viennent à manquer, il va nécessairement falloir envisager de fabriquer moins d'objets en tout genre (en particulier les plus complexes tels que voitures, matériel numérique, machines, etc.). De construire moins de bâtiments. De produire moins de viande. De pêcher moins de poissons. De prélever moins d'eau. De transporter moins de marchandises et de personnes. Et de démanteler les grandes infrastructures fossiles et minérales. En dehors de ces mesures radicales, la résolution de nombreux problèmes ne fera qu'en aggraver d'autres. C'est ce que nous montre une analyse globale des choses. Aucun des défis rencontrés dans la première partie ne doit être considéré indépendamment des autres. La bonne nouvelle, c'est que, globalement, la même réponse est à apporter à l'ensemble des problèmes. À titre d'exemple, réduire la production de viande (et *a fortiori* sa consommation) diminue non seulement la pression sur les ressources hydriques, les forêts et les sols, mais a aussi un impact positif sur le réchauffement de la planète, la santé humaine et le bien-être animal. Rétablir et développer des réseaux de transports en commun desservant une majorité du territoire réduit le nombre de voitures en circulation (donc à fabriquer), l'artificialisation des sols, les nuisances en tout genre ainsi que le nombre de morts sur les routes. Mais cela contribue également à désenclaver certains territoires et, à condition de tendre vers la gratuité, à réduire les inégalités liées à la mobilité. Mener des politiques de rénovation des bâtiments engendre non seulement des économies d'énergie, crée de l'emploi, tout en concourant à résoudre le problème du mal-logement et à redynamiser des espaces délaissés sans nécessiter la construction de nouvelles habitations et augmenter la pression sur les terres agricoles. Ces trois exemples tordent le cou à l'argument fallacieux, et souvent malhonnête, considérant la décroissance comme synonyme de régression sociale, à l'instar de plusieurs dirigeants politiques amalgamant décroissance et récession économique.

Décroître

Décroissance, le gros mot est lâché. Analyser de fond en comble ce concept outrepasserait les limites de ce livre et ne ferait que répéter des choses qui ont déjà été écrites de façon plus exhaustive dans de nombreux travaux de référence, dernièrement ceux de Vincent Liegey[1] et Timothée Parrique[2]. Mais il nous semble utile d'analyser pourquoi, compte tenu des limites exposées dans ce livre, une décroissance matérielle est non seulement inévitable, mais potentiellement émancipatrice. Pour ce faire, il est impératif que toute politique sorte du cadre dominant, celui qui voit la mainmise de l'économie sur l'ensemble de la société, et se confronte à au moins trois réalités.

Première réalité : la biocapacité

Qui peut honnêtement croire qu'une production matérielle dévoreuse de ressources, d'espaces et productrice de déchets peut croître indéfiniment au sein d'une planète finie ? C'est pourtant le pari de l'immense majorité des représentants politiques ainsi que d'une bonne partie de ceux que l'on nomme les économistes. Il est donc judicieux de rappeler un concept clé, celui de la biocapacité. Ce terme renvoie *grosso modo* à ce qu'un écosystème peut produire comme ressources et absorber comme déchets durant un laps de temps donné. Si l'extraction de ressources est trop rapide par rapport à leur renouvellement (ce qui est nécessairement le cas pour des ressources non renouvelables telles que les énergies fossiles et les minerais et, dans notre système de production et de consommation de masse, fréquemment le cas pour celles renouvelables comme

1. Vincent Liegey, *Décroissance*, Paris, Tana éditions, 2021.

2. Timothée Parrique, *Ralentir ou périr. L'économie de la décroissance*, Paris, Seuil, 2022.

l'eau douce, les forêts, les terres arables, etc.) ou l'accumulation de déchets trop importante par rapport à leur élimination, deux cas de figure se présentent généralement.

Primo, l'on exploite d'autres territoires, ce qui permet de soulager un écosystème en transférant la pression sur un autre. Cette façon de faire est vieille comme le modèle centre-périphérie évoqué dans le chapitre précédent, mais elle a pris une tournure mondiale depuis les « grandes découvertes », lesquelles ont permis à l'Europe occidentale (et plus tard à l'Occident en général) de disposer de nouveaux territoires riches en ressources (minerais, énergies fossiles, biomasse, terres agricoles, animaux, etc.) et au sein desquels des nuisances ont pu être externalisées[1]. Sans cette logique, nos pays et leur population ne pourraient pas bénéficier du mode de vie qu'ils connaissent. D'une part, parce que de nombreuses ressources n'existent pas sous nos latitudes, d'autre part, parce que si la totalité des nuisances inhérentes à notre mode de vie étaient relocalisées, il est fort probable que notre environnement deviendrait tout simplement invivable.

Trois problèmes se posent face à cette logique. D'abord, cette solution est souvent temporaire. Après un laps de temps où règne une impression d'abondance, les nouveaux territoires tendent également à montrer leurs limites, ce qui contraint à en trouver constamment d'autres pour conserver le même niveau de vie, poussant l'exploitation dans une fuite en avant telle que celle à laquelle nous assistons

1. Renaud Duterme et Éric de Ruest, *op. cit.*

actuellement. Ensuite, l'externalisation donne une dimension globale à des problèmes jusque-là localisés, ce qui rend leur ampleur et leurs conséquences potentiellement plus grandes. Enfin, cette externalisation pose évidemment la question de la justice sociale et internationale puisqu'on interdit *de facto* aux territoires exploités de profiter eux-mêmes de leurs propres ressources.

Secundo, on dépasse précisément la biocapacité d'un écosystème. Il est tout à fait possible de surexploiter une nappe phréatique, une mine ou un gisement de pétrole. Mais cette surexploitation ne pourra être que temporaire et finira inévitablement par décliner, voire chuter brutalement, de façon à se réajuster sous le seuil tolérable de la biocapacité. Et plus le dépassement sera important, plus la chute le sera également, *a fortiori* dans une situation de surexploitation globale. La seule façon d'éviter cette chute sera de réduire volontairement la pression sur la biocapacité, ce qui implique de diminuer drastiquement (et d'autant plus drastiquement que la surexploitation dure dans le temps) la pression sur les ressources. Donc de décroître.

Deuxième réalité : les rendements décroissants

N'en déplaise aux fétichistes du PIB[1], cette décroissance n'est en fait pas si éloignée de ce que vivent de nombreux pays, ceux de l'hémisphère Nord notamment. Car depuis plusieurs années

1. Pour une critique en règle du PIB, *cf.* Timothée Parrique, *op. cit.*

(le premier choc pétrolier en somme), nos économies connaissent des taux de croissance de plus en plus proches de zéro, y compris sans comptabiliser les épisodes de crise proprement dites. Même les taux de croissance de la Chine sont en dégringolade depuis quelques années, et ce, malgré la reprise post-Covid. Sans compter le fait qu'une partie de la croissance est en réalité artificielle puisque résultant d'une explosion de l'endettement des ménages, des entreprises et des États[1]. Il n'est pas question ici d'analyser l'ensemble des facteurs conduisant à cette chute des taux, mais simplement de revenir sur une loi fondamentale qui devrait être rappelée à nombre de cornucopiens[2], celle des rendements décroissants. En résumé, après une période de forte croissance économique, cette dernière ne peut se poursuivre que de plus en plus faiblement. Prenons un exemple fictif à travers un territoire quasi vierge qui viendrait à être découvert et colonisé. La colonisation de cet espace va nécessiter la mise en œuvre de nombreuses infrastructures (mines, routes, voies de chemins de fer, ports, ponts, bâtiments administratifs, etc.), de logements, d'entreprises, etc. La construction de ces installations va évidemment engendrer une croissance économique importante. Mais une fois cela fait, ce taux de croissance va logiquement diminuer. Pour autant, les flux énergétiques et de matières diminueront-ils dans la même proportion ? Rien n'est moins sûr car la

1. Victor Court, *op. cit.*, p 353.
2. Individus se réclamant de la pensée selon laquelle les innovations technologiques seront capables de résoudre tous les problèmes auxquels l'humanité fait face.

totalité de ces infrastructures nécessitera toujours une partie importante de ces flux, même si ceux-ci serviront davantage à faire tourner la machine qu'à produire de la richesse. En d'autres termes, plus un système est complexe, plus il absorbe des ressources pour son fonctionnement plutôt que pour la création de nouvelles installations. En définitive, la stagnation est difficile à atteindre car le système appellera toujours une plus grande quantité de ressources et d'énergie pour satisfaire de moins en moins de besoins[1]. La seule solution serait de décomplexifier la machine. Soit volontairement, ce qui implique de nouveau une certaine décroissance matérielle. Soit par la force, c'est-à-dire une société qui s'écroulerait sous le poids d'une économie trop gourmande en énergies et en ressources de plus en plus rares. La question est donc : comment décroître ? Ou plutôt, que décroître ?

Troisième réalité : l'utilité sociale

De nombreux détracteurs du concept de décroissance font preuve d'une grande malhonnêteté intellectuelle, à se demander d'ailleurs si les plus virulents d'entre eux ont seulement lu un livre sur la décroissance. Car contrairement à un argument souvent énoncé, celle-ci ne se limite pas à une simple baisse du PIB, autrement dit une récession. Au contraire, le concept de décroissance vise « une réduction de la production et de la consommation pour alléger l'empreinte écologique planifiée

1. Joseph A. Tainter, *L'Effondrement des sociétés complexes*, Aube, Le Retour aux sources, 2013.

démocratiquement dans un esprit de justice sociale et de souci de bien-être[1] ». C'est du moins la définition que propose Timothée Parrique, définition qui, nous semble-t-il, serait à même de rassembler une majorité de « décroissants ». On voit déjà que ce projet n'a pas grand-chose à voir avec les grandes crises économiques que notre monde a connues ces dernières décennies. L'idée ici n'est pas de réécrire les grandes lignes d'un tel projet, ni de questionner l'ensemble des débats qui l'entourent. De nouveau, je renvoie le lecteur aux différents travaux mentionnés et traitant du sujet. Par contre, un principe au cœur de la décroissance s'inscrit dans le propos de ce livre : si de nombreuses pénuries nous guettent, ne serait-il pas temps de questionner l'utilité sociale de nombreuses activités ? En d'autres termes, si les limites physiques vont nous imposer une sobriété, n'est-il pas temps d'arbitrer entre ce qui contribue véritablement au bien-être et à l'intérêt du plus grand nombre, et ce qui est uniquement facteur de pollution, de mal-être, de frustration, voire de destruction, et ce, souvent au profit d'une infime minorité ? Cet arbitrage aura lieu (et a déjà lieu dans une certaine mesure). Reste à savoir s'il se fera de façon libérale[2], auquel cas l'argent en sera le principal moteur (ce qui est à l'œuvre actuellement), démocratique ou autoritaire. Nous analyserons la potentialité autoritaire ci-après. Concernant l'option démocratique, la plus souhaitable à nos yeux, trois outils (parmi beaucoup d'autres) pourraient être proposés.

---

1. Timothée Parrique, *op. cit.*, p. 219.
2. Économiquement parlant.

1. *La Dotation inconditionnelle d'autonomie*. Derrière cet acronyme barbare (ce qui constitue sans doute une limite à sa popularité) se cache l'idée d'une « dotation versée à toutes et à tous de manière égale de la naissance à la mort, afin de garantir un niveau de vie décent et déconnecté de l'occupation d'un emploi ». Point important : « Cette dotation n'est pas fournie uniquement en monnaie nationale. Elle est aussi donnée en droits de tirage sur des ressources, en services publics, en accès à des biens et via la mise en place de monnaies locales[1]. » Concrètement, on pourrait imaginer que tous les citoyens d'un pays jouissent gratuitement d'un certain nombre de mètres cubes d'eau, de kilowattheures d'électricité, de mètres carrés de logement, d'une quantité d'aliments sains et produits localement, etc. L'on pourrait même envisager un certain nombre de kilomètres par personne effectués via des moyens de transports plus polluants tels que l'avion. Une fois ces quotas dépassés, le prix de ces différentes choses serait accru significativement et surtout proportionnellement, de façon à décourager l'usage superflu d'expédients écologiquement néfastes tout en ne pénalisant pas les classes populaires. Pour que ce système soit cohérent, il doit également être combiné à des maximums autorisés, non seulement en termes de consommation et de prélèvements mais aussi en matière de revenus, puisqu'on sait que plus on est riche, plus on consomme. Bien entendu, les chiffres devront être débattus le plus démocratiquement possible.

1. Vincent Liegey, Stéphane Madelaine, Christophe Ondet et Anne-Isabelle Veillot, *Un projet de décroissance. Manifeste pour une dotation inconditionnelle d'autonomie*, Paris, Utopia, 2013, p. 39.

En outre, pour éviter de tomber dans une sorte de société ultralibéralisée, l'ensemble de la population devrait bénéficier d'un accès gratuit à des services publics de base tels que l'éducation, la santé, des transports collectifs efficaces, etc. Cette proposition réconcilierait les adeptes d'un revenu de base, lequel aurait pour objectif de libérer tout un chacun de la nécessité de trouver un emploi, parfois facteur de désintérêt, de stress et d'absence de sens, avec les partisans d'une plus grande justice sociale et environnementale : cet outil signifierait en effet une amélioration des conditions matérielles des plus pauvres, leur permettant de sortir d'une logique de survie quotidienne, logique qui peut constituer un puissant obstacle à un changement d'habitudes (rappelons-nous le slogan des Gilets jaunes : « Avant la fin du monde, il y a la fin du mois »).

2. *Une planification démocratique dans un souci de bien-être*. Cette planification pourrait s'organiser, selon Timothée Parrique, sur la base « d'un cadran avec deux axes où l'on viendrait placer tout ce qu'une économie produit. Il y aurait un axe écologique en fonction de la contribution de chaque produit à l'empreinte nationale (l'empreinte écologique) et un axe social en fonction de la contribution au bien-être général (l'empreinte bien-être). La façon la plus facile de faire baisser l'empreinte écologique tout en maintenant la qualité de vie est de renoncer aux produits très polluants qui contribuent peu au bien-être[1] ». Sans risquer de grosses polémiques, on pourrait inclure dans cette catégorie les vols spatiaux touristiques, les jets privés, les yachts,

1. Timothée Parrique, *op. cit.*, p. 213.

la publicité dans l'espace public, la production de mines antipersonnel, le déploiement de la 5G, etc. À l'inverse, toutes les activités contribuant fortement au bien-être et dont l'empreinte écologique est très basse doivent être fortement encouragées et donc bénéficier de soutiens publics forts. De nouveau sans entraîner d'âpres débats, on peut penser à tous les secteurs liés à l'aide à la personne (garde d'enfants, auxiliaires de vie, infirmières à domicile, etc.), la petite agriculture de proximité, le maraîchage biologique, la construction de pistes cyclables, l'isolation des bâtiments, etc. Un troisième cas de figure sera sans doute celui qui donnera lieu aux discussions les plus passionnées : celui où les productions ont à la fois une forte empreinte écologique et une forte utilité sociale. On peut penser à l'automobile en milieu rural, la construction d'hôpitaux ou d'écoles, une partie des vols commerciaux, etc. Quant au dernier cadran, qui concernerait une production à la fois avec une faible empreinte écologique et une faible empreinte bien-être, il ne serait sans doute pas la priorité des priorités. Bref, on voit que cet outil pourrait permettre à la fois de concilier des politiques sociales et écologiques mais également de transformer l'imaginaire collectif en proposant des mesures politiques qui réduiraient la pression sur les ressources et les écosystèmes (et donc le risque de pénuries), tout en s'inscrivant au sein d'une vision positive loin du rationnement autoritaire qui nous menace. L'on peut en outre imaginer de nouvelles échelles de revenus en fonction de ces deux critères. Dans ce nouveau modèle, il n'est pas certain qu'un emploi au sein d'un cabinet d'audit ne soit autant rémunéré qu'un infirmier à domicile.

3. *La réduction du temps de travail.* Un projet de décroissance pose immédiatement la question de l'emploi. Si l'on réduit, voire supprime, une partie de la production matérielle, que faire de la main-d'œuvre de ces secteurs ? C'est évidemment une question cruciale, qui explique d'ailleurs partiellement pourquoi l'écologie politique peine à convaincre une partie des classes populaires, lesquelles n'y voient (souvent à juste titre) qu'une succession de mesures punitives et destructrices d'emplois. Soulignons d'abord que cette suppression d'emplois n'a pas attendu des mesures écologistes pour survenir. Les délocalisations, la mécanisation, l'évolution de la société, la fameuse « destruction créatrice » de Schumpeter[1], autant de facteurs ayant fait disparaître des dizaines de fonctions de par le monde. Pour autant, dans un projet politique visant à faire décroître toute une série de productions, il est clair que cela se traduira non pas nécessairement par des suppressions d'emplois mais par une diminution des heures de travail requises. Laquelle peut très bien se résoudre par une diminution du temps de travail, évolution qui s'inscrit somme toute dans la continuité d'un mouvement vieux de plus d'un siècle. Bien entendu, cette diminution devra se faire sans réduction de salaire, de façon non seulement à rééquilibrer la répartition de la richesse au profit des travailleurs, mais également à permettre à ces derniers de disposer d'une meilleure qualité de vie et de sortir de

1. Désigne le processus de disparitions d'activités productives remplacées par de nouvelles du fait du progrès technique. *Cf.* Joseph Schumpeter, *La Théorie de la destruction créatrice*, Paris, Payot, coll. « PBP », 2021.

l'imaginaire mortifère « travailler plus pour produire plus pour gagner plus ».

Elle doit aussi s'envisager à l'échelle du nombre d'années passées à travailler. À cet égard, un des effets pervers des politiques de report de l'âge de la retraite est de priver la société (et notamment de nombreuses initiatives locales, sportives et culturelles, indispensables à l'avènement de territoires plus autonomes) de milliers de bénévoles. Faire travailler les gens moins longtemps libère ainsi des millions de travailleurs, ce qui leur permet de se consacrer à des activités porteuses d'utilité sociale et de sens (garde des petits-enfants, aide à la personne, entretien d'un potager, petits boulots manuels, etc.).

En outre, pour les secteurs ayant subi les plus grosses pertes en matière de temps de travail, il est du ressort des pouvoirs publics d'organiser la reconversion, notamment vers des métiers qui se révéleront indispensables au monde de demain, c'est-à-dire à la fois porteurs de sens et de grande valeur environnementale : agriculture de proximité, secteur de la rénovation, recyclage et réparation, aides à la personne, restauration des écosystèmes endommagés, etc. De nombreux secteurs peuvent d'ailleurs être réhabilités relativement rapidement selon d'autres objectifs. Durant la pandémie de Covid-19, on a vu avec quelle rapidité des usines automobiles ont pu se mettre à fabriquer des respirateurs. Il est fort probable que les travailleurs d'une entreprise d'armes automatiques trouveront au moins autant de satisfaction à fabriquer des objets dont l'utilité sociale est nettement supérieure.

Cela nous conduit à une autre épineuse question : celle de l'utilité sociale de nombreux emplois. L'anthropologue David Graeber avait théorisé la question, notamment sous l'appellation des *bullshit jobs*, cette forme d'emplois rémunérés « si totalement inutile, superflue ou néfaste que même le salarié ne parvient pas à justifier son existence, bien qu'il se sente obligé de faire croire le contraire[1] ». Si l'on considère le monde du travail en général, on est en droit de se demander si le maintien de millions de personnes dans des emplois stressants, ennuyeux, répétitifs, parfois mal rémunérés, et dont les travailleurs eux-mêmes peinent à percevoir le sens, constitue vraiment un signe de bonne santé économique d'une société, quand bien même les chiffres du chômage seraient au plus bas. On peut penser aux nombreuses tâches liées à la bureaucratisation excessive de nos sociétés (rédacteurs de rapports que personne ne lit, systèmes de call center, etc.) mais aussi aux boulots de livreurs de plats à domicile, omniprésents dans les centres-villes et au sein desquels les minorités précarisées constituent l'immense majorité des effectifs. Citons aussi la plupart des emplois d'usines, transformant les travailleurs en simples rouages d'une machine et leur interdisant d'avoir des moments de temps libre véritablement reposants, sans oublier la pléthore de jobs au sein des cabinets de conseil et d'optimisation fiscale qui n'ont d'autres conséquences que de priver les services publics de recettes et d'imposer une hégémonie comptable à l'ensemble de la société.

1. www.cairn.info/revue-travail-et-emploi-2019-4-page-131.htm

En définitive, la décroissance n'est régressive qu'en restant dans le cadre économique et culturel dominant. Un dernier exemple illustre bien les choses. Ces dernières années, le débat fait rage dans de nombreuses communes (françaises et belges mais certainement aussi ailleurs) quant à la nécessité ou non de construire de nouveaux logements. La discussion est souvent binaire entre, d'un côté, les promoteurs, une partie de la population et des représentants politiques, pour qui c'est une nécessité démographique, et de l'autre, la population restante ainsi que la plupart des mouvements écologistes, qui voient dans ces constructions une énième atteinte à des écosystèmes et à des sols déjà en mauvaise posture. Mais en réalité, dans bien des cas, ce dilemme n'existe que si l'on n'envisage pas des solutions sortant du cadre habituel. En l'occurrence, interroger les phénomènes de vacance locative et de résidences secondaires, de bâtiments vides, de réhabilitation d'édifices délaissés, de concentration de l'emploi dans certaines zones, de désenclavement des territoires, de contrôle des loyers, etc. La question à se poser est donc la suivante : nos sociétés ont-elles ou non les moyens de satisfaire les besoins élémentaires (nourriture de bonne qualité, logement décent, services publics efficaces, sécurité sociale, etc.) de leur population ? Poser la question, c'est y répondre, à condition que les questions d'égalité et de redistribution des richesses redeviennent des priorités, tout comme le redéveloppement de services publics de qualité (transport, santé, énergie, industries stratégiques, éducation, banques), sous le contrôle des travailleurs et des usagers, et organisés autour d'une vision non marchande fondée sur l'intérêt général.

Les théoriciens de la décroissance aiment à rappeler que la première des décroissances doit être celle des inégalités. Chose d'autant plus urgente que le partage deviendra davantage compliqué dans un monde moins abondant. Car hors le partage, l'autre option est l'accaparement.

Éviter tout autoritarisme

On ne peut passer en revue les risques de pénuries sans envisager une gestion autoritaire de celles-ci. En effet, si l'on en croit plusieurs auteurs, de nombreux progrès sociaux et droits politiques résultent avant tout de meilleures conditions matérielles, rendues possibles grâce à une énergie abondante et bon marché. Jean-Marc Jancovici souligne ainsi que c'est cette abondance qui a permis une distribution plus équitable des ressources, et donc une amélioration du niveau de vie global. Nous l'avons vu, celle-ci a principalement été rendue possible grâce à la production et à la distribution d'électricité, de nourriture, d'eau potable, de médicaments, de transports, etc.[1].

Dans un ouvrage particulièrement convaincant, Véra Nikolski approfondit cette vision des choses, spécifiquement du point de vue des femmes. Selon elle, « c'est l'infrastructure technologique, au sens large – progrès technique incorporé dans les objets de consommation largement distribués, progrès médical incorporé dans les structures de santé

1. Jean-Marc Jancovici, « Oui, c'est toujours la m*rde », interview pour le média en ligne *Limit TV*, 2023.

collectives, en particulier l'ensemble des dispositifs garantissant une mortalité infantile basse et un contrôle effectif des naissances –, qui est la base indispensable à la liberté des femmes et à leur participation, à l'égal des hommes, à la vie sociale et économique[1] ». Elle ajoute logiquement que « pour sauvegarder les progrès, il faut impérativement préserver les conditions qui les rendent possibles[2] ».

Si l'on admet ces constats, tout comme celui selon lequel les ruptures qui s'annoncent vont mettre à mal nos conditions d'existence, force est de constater que le risque est grand pour nos sociétés de basculer dans un autoritarisme grandissant. Après tout, une gestion dictatoriale ne permettrait-elle pas plus facilement de gérer des situations de pénuries ? La crise du Covid-19 a montré comment de nombreux gouvernements considérés comme démocratiques ont pu aisément outrepasser la législation et les contre-pouvoirs pour imposer des mesures radicales au nom de l'urgence nationale. On imagine assez bien comment des situations de tensions sur des biens de première nécessité pourraient constituer le prétexte idéal à un pouvoir, quel qu'il soit, pour contourner les principes de l'État de droit.

Du côté des populations, le risque est également grand de voir une proportion importante soutenir cette dérive autocratique, notamment dans le but de sauvegarder un semblant de normalité et de sécurité. Une situation de pénurie pourrait

1. Véra Nikolski, *Féminicène. Les vraies raisons de l'émancipation des femmes. Les vrais dangers qui les menacent*, Paris, Fayard, 2023, p. 203-204.

2. *Ibid.*, p. 273.

engendrer une perte de crédibilité des autorités, voire de la démocratie au sens large. Nous pourrions revenir à une conception primaire de la politique au sein de laquelle l'urgence de la situation contraint à ne plus se préoccuper de certains droits et libertés jugés secondaires par rapport aux nécessités qui s'imposent, telles que l'approvisionnement alimentaire, l'organisation du rationnement, la gestion de la sécurité, etc.

Le danger de voir émerger pareille gestion est loin d'être anecdotique, en particulier si aucune anticipation n'est de mise. Il est par conséquent fondamental que l'intégralité des risques évoqués dans ce livre soient popularisés, vulgarisés et débattus. Il n'y a que de cette façon que nous pourrons (tenter de) surmonter les innombrables défis qui s'annoncent.

Sensibiliser

Bien entendu, la manière dont nous ferons face aux multiples challenges qui vont se poser à nos systèmes d'approvisionnement dépendra du degré de sensibilisation de l'opinion publique. La question des pénuries a comme avantage (si l'on peut dire) de toucher ici et maintenant les populations qui y sont confrontées. Au-delà de l'aspect tragique de la chose, on peut également y voir une opportunité, celle de convaincre des impasses dans lesquelles se trouve notre système économique et de la nécessité de le remettre en cause. Cela ne pourra être fait qu'en mettant de nombreuses réalités et principes au cœur de l'analyse. Il en est ainsi des cycles de production concernant les différents objets qui nous entourent. Des composants nécessaires à leur fabrication. Des impacts écologiques et sociaux présents à toutes les étapes de ces cycles. Des limites du recyclage. De la fable que constitue le découplage[1], cette idée selon laquelle il serait possible de croître économiquement tout en baissant les impacts écologiques. Des limites physiques et sociales auxquelles va se heurter la poursuite de notre consommation. Pour ce faire, il importe de populariser de nombreux concepts tels que l'empreinte matière (qui tente de calculer l'ensemble des ressources nécessaires à la fabrication d'un bien), l'énergie grise et l'eau virtuelle (respectivement l'énergie et l'eau entrant dans les cycles d'extraction et de fabrication d'un produit), le métabolisme (qui envisage toute activité humaine à travers le prisme d'un organisme nécessitant des ressources et rejetant des déchets), la dette écologique (qui inclut le pillage des autres pays dans notre développement économique), l'extractivisme (qui conçoit l'exploitation de la nature d'une façon comptable) et l'effet rebond (paradoxe selon lequel des progrès en matière de sobriété énergétique auront comme effet indirect d'accroître la consommation totale d'énergie). Autant de termes qui considèrent la crise écologique au-delà des simples questions climatique et énergétique, et prennent en compte des dynamiques à la fois biologiques (fonctionnement des écosystèmes, état de la biodiversité, respect des milieux naturels, etc.), géographiques (quels impacts ont sur d'autres pays des choix politiques et technologiques effectués dans nos sociétés ?) et sociales (ces choix politiques

1. Timothée Parrique, *op. cit.*, chapitre 2.

et technologiques améliorent-ils le quotidien et le bien-être de la majorité ?).

Cette sensibilisation existe déjà mais, encore beaucoup trop restreinte et limitée à certains auditoires spécialisés (universités, cours de géographie, émissions ou articles sur l'environnement dans les médias, cercles militants, etc.), elle peine à toucher des publics non convaincus. Il est donc primordial de mettre en lien ces problématiques avec les réalités sociales de la majorité et de vulgariser ces questions. Ce travail a déjà commencé et de nombreux chercheurs, auteurs, militants, contribuent à cette immense tâche. Mais le chemin à parcourir est encore long et passera par une approche interdisciplinaire de ces sujets. Quelle est la part du personnel soignant conscient des vulnérabilités du système de santé (exception faite de l'état déplorable des services d'urgence et du manque de main-d'œuvre) ? Qui réalise la fragilité de notre approvisionnement alimentaire ? Qui se rend compte de la logistique nécessaire au fonctionnement d'un supermarché ? Combien d'ingénieurs tiennent compte de la totalité des impacts sociaux inhérents aux choix technologiques ? Combien d'enseignants appréhendent l'interconnexion potentielle des crises à venir ? Il est par conséquent fondamental que la question énergétique devienne centrale dans la plupart des cursus (ceux de sciences économiques et humaines en premier lieu), mais aussi que des cours d'économie critique soient dispensés à l'ensemble des étudiants (en particulier ceux des filières scientifiques) afin que tout un chacun comprenne que toute évolution technologique s'inscrit *in fine* au sein de rapports sociaux de domination et d'exploitation. Regardons donc la réalité en face et examinons non seulement les faits avec objectivité mais insistons surtout sur les causes et les responsabilités des déséquilibres en cours et à venir.

Démondialiser et relocaliser

Réduire sa dépendance vis-à-vis du reste du monde et gagner en autonomie implique immanquablement de repenser la relocalisation des activités productives. Chose d'autant plus nécessaire que les contraintes évoquées dans ce livre vont la faire advenir tôt ou tard, la mondialisation n'étant en définitive qu'une intensification des flux d'énergies, de matières et de personnes. On peut donc qualifier le projet à venir de démondialisation.

De nombreuses formations et idéologues d'extrême droite ont déjà compris l'opportunité que constituent les ruptures d'approvisionnement et les situations d'insécurité pour donner du crédit à leurs revendications xénophobes, nationalistes et identitaires. L'enjeu est d'éviter que ce projet ne soit monopolisé par ces mouvances. Pour ce faire, il importe d'envisager des politiques qui combinent autonomie sur les plans matériels et ouverture sur les plans culturels. Le défi est d'autant plus grand que cette ouverture dépend au moins partiellement de la rencontre entre personnes éloignées, principalement rendue possible par la démocratisation des transports et la facilité des télécommunications. Or, il n'est pas sûr que ces deux éléments restent en l'état dans un futur proche[1]. L'ethnologue Xavier Ricard Lanata

1. Pierre Madelin, *La Tentation écofasciste. Écologie et extrême droite*, Montréal, Écosociété, 2023, p. 249.

résume bien le projet : « Par démondialisation, il ne faut pas entendre un retranchement, une sorte de repli dans le bastion fortifié du nationalisme. La démondialisation est un projet d'altermondialisation, une recomposition des rapports économiques entre les nations afin de ne plus faire reposer ces rapports sur le libre-échange, mais plutôt sur des accords de partenariats visant à relocaliser au maximum les productions. Les échanges résiduels porteraient sur ce que chaque territoire, pays ou région, ne peut pas produire de lui-même[1]. » Et si ambitieux que ce projet puisse paraître, il devra également s'inscrire dans un strict respect des limites planétaires. Ce qui implique d'aller au-delà de la simple relocalisation d'activités polluantes et nuisibles, d'accepter et surtout d'accompagner une certaine désindustrialisation d'activités dont le potentiel de nuisance aura été jugé supérieur à leur utilité sociale. Il est clair que ce genre de politiques entre frontalement en opposition avec les règles du capitalisme globalisé que sont la concurrence, le dumping social et fiscal, la mainmise sur des parts de marché au détriment d'autres puissances, etc. Mais gageons que dans un monde au sein duquel les échanges vont être rendus plus compliqués, l'autonomie constituera à coup sûr un nouveau facteur de puissance, qui plus est bien moins néfaste que la force militaire ou des infrastructures gourmandes en énergie et en matières ou une politique étrangère néocoloniale.

Curieusement, la relocalisation doit également se faire aux échelons nationaux, régionaux, voire…

---

1. Xavier Ricard Lanata, *La Tropicalisation du monde*, Paris, PUF, 2019, p. 90.

locaux. Ces dernières décennies ont en effet vu se généraliser la logique du fonctionnalisme ou du zonage urbain, méthodes d'organisation de l'espace fondées sur la séparation des différents lieux d'activité quotidienne. Cette configuration induit donc des déplacements de personnes et des transports de marchandises considérables, ce qui rend nos territoires extrêmement dépendants de l'automobile et du transport routier. De ce fait, la perspective d'une énergie moins abondante doit nous conduire à réinstaurer des lieux multifonctionnels, ce qui non seulement nous rendra moins dépendants de la voiture et du pétrole mais aussi contribuera à redynamiser des territoires tout en améliorant le quotidien des habitants.

Ce vaste projet porte sans doute en lui une certaine utopie. Mais il montre qu'il n'existe pas de fatalité à condition de sortir un tant soit peu de nos imaginaires dominants. Et parmi ces derniers, un des plus tenaces est sans conteste celui de l'inéluctabilité de l'économie de marché, laquelle engendre une concentration toujours plus importante des richesses et de la production entre les mains d'une poignée d'acteurs occupés à faire la pluie et le beau temps. Il suffit pour s'en convaincre de voir comment les domaines analysés dans la première partie sont gérés par quelques entreprises exerçant dès lors un contrôle quasi exclusif sur l'intégralité des chaînes d'approvisionnement. Par conséquent, les orientations et mesures évoquées ne pourront aboutir qu'en remettant en cause ce capitalisme oligopolistique[1] et en sortant de la logique marchande

---

1. Entendu comme un marché contrôlé par quelques grandes firmes. Cette configuration constitue la destinée

les secteurs que la société considérera comme essentiels (selon nous, la santé, l'énergie, l'éducation, la finance, le logement, la sécurité sociale, les transports publics). Ce qui revient *in fine* à « réencastrer l'économie au sein de la société », pour reprendre la célèbre formule de Karl Polanyi. Il n'y a que de cette façon qu'un avenir un tant soit peu désirable (du moins pour l'immense majorité) puisse advenir. Dans le cas contraire, gare aux turbulences…

---

logique du capitalisme, principalement via des processus de fusion d'entreprises ou de rachat des concurrentes par les plus grosses.

8

Exister dans un monde en rupture

Le chapitre précédent a passé en revue des perspectives réjouissantes mais très ambitieuses. Actuellement, rien ne nous dit que ces défis seront surmontés. Dans le cas contraire, il faut s'attendre à vivre des scènes dignes de certains scénarios post-apocalyptiques. En effet, ne pas anticiper l'ensemble de ces tensions conduira les événements à suivre une tournure pour le moins désagréable : pénuries en tout genre, hausse des prix, perturbations économiques, défaillance des grandes infrastructures auxquelles nous sommes tant habitués, rationnement, tensions sociales, etc.

Survivre, mais à quel prix ?

Au risque d'être taxé de catastrophiste, il est capital d'envisager ce scénario, ne fusse que pour s'y préparer autant psychologiquement que physiquement, autant individuellement que collectivement. Cette préparation est salutaire pour au moins trois raisons.

Primo. L'action individuelle, malgré ses limites indéniables, autorise une certaine cohérence personnelle. La grande force du capitalisme est de nous y faire participer malgré nous, notamment à travers la généralisation du salariat, la nécessité de gagner de l'argent et, bien sûr, l'imaginaire consumériste. Une partie croissance de la population se retrouve ainsi enfermée dans un sentiment de dissonance cognitive, où l'on encourage ce que l'on veut combattre. La déconnexion partielle du système (il est quasi impossible de s'en déconnecter complètement) peut donc diminuer ce sentiment et constituer un puissant moteur de sensibilisation et de mobilisation à travers l'exemple.

Secundo. Quand bien même l'action individuelle serait insuffisante, anticiper un choc permet de le surmonter moins durement. C'est vrai du point de vue psychologique en évitant un état de sidération souvent synonyme d'impuissance. C'est également vrai du point de vue pratique. Sans tomber dans la dystopie post-apocalyptique, effectuer quelques stocks (nourriture, eau, outils, médicaments, etc.) et réserves énergétiques (carburants, lampes de poche, panneaux solaires, bois de chauffage, bonbonne de gaz, etc.), faire l'apprentissage de comportements pouvant aider à faire face à des situations périlleuses (bricolage, auto-défense, premiers soins, petit élevage, agriculture de base, pêche et chasse, connaissance des plantes sauvages, etc.) facilitent clairement la vie face à des pénuries diverses et variées. Il y a d'ailleurs bien longtemps que le survivalisme ne se limite plus à une poignée de paranoïaques enfermés dans leur bunker et armés jusqu'aux dents (bien que cette mouvance soit encore très présente, avec parfois des relents racistes et xénophobes nauséabonds[1]). On peut même dire qu'il est à la mode, en particulier depuis la pandémie de Covid-19. Plusieurs éléments l'attestent, tels que le succès du salon du survivalisme à Paris (près de 15 000 visiteurs), la multiplication des chaînes YouTube consacrés à l'autonomie, et même la tendance chez certains ultrariches d'acquérir des terres dans des pays supposés moins vulnérables aux catastrophes qui s'annoncent (preuve encore, s'il en était besoin, que l'humanité n'est pas toute dans le même bateau en ce qui concerne les crises à venir).

Au demeurant, ne pas croire en la fin de ce monde ne nous empêche pas d'être confrontés à des événements susceptibles, même temporairement, de perturber notre quotidien. Tempêtes de neige, coupures de courants, incidents dans des unités industrielles, ruptures de voies d'approvisionnement, grèves, etc. Autant de circonstances face auxquelles un minimum de prévention pourrait être plus que profitable. Sur leurs canaux officiels, plusieurs gouvernements prodiguent d'ailleurs à leurs concitoyens différents conseils sur les comportements à adopter en prévision d'un événement exceptionnel.

Tertio. Se préparer à une éventuelle déconnexion se fait justement en se déconnectant partiellement des grands flux énergétiques et matériels, puisque ce sont ceux-là mêmes qui risquent de manquer. Or, agir de la sorte conduit précisément à réduire

1. Bertrand Vidal, *Survivalisme. Êtes-vous prêts pour la fin du monde ?*, Paris, Arkhé, 2018.

ses différentes empreintes (climatiques, hydriques, matières) et sa participation aux nuisances. Le changement individuel fait donc partie de la solution, si tant est qu'il ne se fasse pas totalement au détriment d'actions collectives plus globales.

Car ce qui est souvent reproché au survivalisme est justement au cœur de son étymologie : est-ce vraiment un objet d'épanouissement que de « survivre » ? Qui plus est à titre individuel, alors qu'il est impossible *a fortiori* de satisfaire l'entièreté de ses besoins personnels, fussent-ils réduits au minimum ? De ce fait, les idées de déconnexion, et donc d'autonomie, devront, pour être couronnées de succès, impérativement se tisser au sein de réseaux d'entraide et de solidarité, probablement à des échelles locales. Le concept des villes en transition – un ensemble de municipalités se préparant à l'après-pétrole en organisant une relocalisation de tout ce qui est possible – peut d'ailleurs être considéré comme une sorte de survivalisme communautaire. Un des enjeux sera de rendre ces communautés les plus démocratiques possible, ce qui passera aussi par une relocalisation des décisions au détriment de la centralisation des pouvoirs. À cet égard, l'interruption des flux et l'émergence de pénuries peuvent être l'occasion pour des territoires de retrouver des espaces de libertés et d'autonomie. Car dans un monde en contraction, d'immenses structures hiérarchiques et bureaucratiques, où les différents échelons de décisions sont tous éloignés les uns des autres (ce qui est le cas dans la plupart des grandes entreprises, des systèmes politiques municipaux et étatiques, des services publics, etc.), sont quasiment incapables de perdurer, du moins sans une gestion de plus en plus autoritaire, la paix sociale étant de plus en plus difficile à financer.

Et la violence dans tout ça ?

À ce propos, parler de pénuries nous impose d'évoquer la question de la violence. Concept qui mériterait d'ores et déjà d'être interrogé en tant que tel, lequel est encore trop souvent uniquement associé à la délinquance et rarement mentionné pour qualifier la brutalité de certaines politiques économiques et (anti)sociales brisant la vie de millions (de milliards ?) de personnes.

Mais contentons-nous de l'envisager dans son acceptation étroite, à savoir une contrainte coercitive exercée par une personne sur une autre, et de la lier à notre propos. Car la gravité de la situation nécessite de rompre le tabou de la violence pour au moins deux raisons.

D'abord, bien que les idées d'une nature humaine égoïste et compétitive comme principe intrinsèque de la vie en société aient largement été remises en cause[1], il est plus que probable que les ruptures qui s'annoncent engendreront une recrudescence des tensions sociales, voire des comportements violents, de part et d'autre. On se souvient des altercations ayant eu lieu dans plusieurs stations-service lors

1. Il y a plus d'un siècle déjà par l'anarchiste Pierre Kropotkine dans son livre *L'Entraide, un facteur de l'évolution*, réédité depuis aux éditions Écosociété (2005). Gauthier Chapelle et Pablo Servigne l'ont réactualisé dans *L'Entraide. L'autre loi de la jungle*, Les liens qui libèrent, 2017.

des crises énergétiques de ces dernières années ; ou de la violence de plus en plus manifeste contre le personnel soignant au sein des services d'urgences. Qu'adviendra-t-il quand des biens ou des services de première nécessité viendront à manquer ? Quand seront imposées des mesures de rationnement, engendrant des files d'attente devant certains points de vente ? Ou quand l'explosion des prix privera *de facto* les moins lotis de produits de base ? Mouvements de foules, comportements agressifs et égoïstes, vols, émeutes de la faim, autant de situations qui surviendront et amèneront avec elles de potentielles violences, et ce, en lien avec l'ensemble des pénuries évoquées dans ce livre. Par conséquent, ne serait-ce pas judicieux de s'y préparer un tant soit peu ? Pas dans le but de transformer nos pays en Far West mais simplement d'apprendre à tout un chacun comment y faire face, avec sang-froid, et adopter les bons gestes pour empêcher une situation conflictuelle de dégénérer dans un sens ou dans l'autre. Pas de paranoïa donc mais une préparation physique et psychologique afin d'acquérir les bons réflexes (analyser son environnement, envisager les risques potentiels, apprendre à se confronter à la violence, à échapper ou à désamorcer une situation tendue, etc.[1]) et ainsi d'éviter la panique.

Ensuite, nous l'avons vu, les défis qui s'annoncent sont dantesques et les freins au changement nombreux. Dès lors, on peut douter que nos gouvernements prennent rapidement les décisions qui

---

1. Aton et Jean-Luc Riva, *Se préparer au pire !*, Paris, Albin Michel, 2023.

s'imposent. Ou que des mobilisations d'ampleur viennent renverser le rapport de force. Au contraire, l'on remarque année après année la poursuite du fameux *business as usual*, nous précipitant chaque jour au plus près du désastre. Et ce, sans compter le risque d'une gestion autoritaire des crises à venir, loin d'être anecdotique comme nous pensons l'avoir démontré. Par conséquent, quelles réactions adopter face à ce type de pouvoir ? Doit-on rester à tout prix dans un fétichisme de la non-violence, alors même que les autres stratégies de mobilisations faillent à leurs objectifs ? Cela n'est pas un appel à la lutte armée, plutôt une occasion de rappeler que face à un pouvoir qui perd en légitimité, abuse de son autorité et accentue, voire provoque, des situations qui vont rapidement se révéler catastrophiques pour une majorité, une certaine violence peut apparaître légitime. De quel côté est la violence lors de mobilisations face à des mesures d'accaparement de ressources hydriques, de bétonisation de terres arables au profit de zones commerciales ou encore d'infrastructures écocidaires ? Après tout, les mêmes qui s'insurgent contre certaines manifestations musclées se plaisent à commémorer nombre d'événements (révolutions nationales, victoires militaires) infiniment plus violents mais menés au nom de causes prétendument légitimes[1].

1. Sur ce débat, lire notamment le livre de Francis Dupuis-Déri, *Les Black blocs*, Montréal, Lux, 2007.

Rats des villes ou rats des champs ?

La descente énergétique à laquelle nous allons être confrontés, le retour du spectre de pénuries en tout genre ainsi que la multiplication des désagréments liés aux bouleversements écologiques et climatiques imposent de questionner son lieu de vie. À première vue, la campagne semble mieux préparer une population à faire face à ces turbulences. Les zones rurales sont considérées comme plus résilientes. Les raisons sont *a priori* évidentes : moindre densité donc approvisionnement moins concentré ; plus grande proximité avec les terres agricoles ; moindre artificialisation donc moins de sensibilité à de nombreuses catastrophes (inondations, canicules, etc.) ; logements plus spacieux et avec jardin, augmentant les possibilités de stockage (eau, nourriture, carburant, bois de chauffage, outils, etc.), de diversification énergétique et d'autonomie alimentaire (potager, petit bétail, etc.).

À l'inverse, la ville engendre une forte bétonisation des sols et nécessite une quantité astronomique de flux physiques en provenance d'autres régions plus ou moins lointaines (approvisionnement en denrées alimentaires, objets de consommation, matériaux de construction, énergies, matières premières, etc.), ce qui n'est pas sans poser problème en matière d'autonomie alimentaire, de captation des ressources extérieures et de vulnérabilité face aux différentes catastrophes (canicules, épidémies, etc.). D'après le géographe Guillaume Faburel, tandis que les cent premières villes de France ont seulement trois jours d'autonomie alimentaire, avec 98 % de leur nourriture importée, 90 % de l'énergie consommée par le Grand Paris n'est ni locale ni renouvelable[1]. Selon une étude, la plupart des villes ont en moyenne besoin de trois cents fois leur taille pour subsister[2] (l'on parle d'hectares fantômes pour désigner les superficies « indirectement » exploitées par une population). Évidemment, plus la ville est grande et peuplée, plus ces tendances sont exacerbées.

Ces éléments viennent relativiser l'idée selon laquelle habiter en ville serait écologiquement plus vertueux, l'argument étant que la densité et la proximité des activités quotidiennes tendent respectivement à économiser de l'espace et des déplacements. Cela n'est vrai qu'en comptabilisant uniquement l'énergie directement utilisée par les individus. Si l'on prend en compte la totalité de ce dont le fonctionnement de la ville et de ses composantes a besoin, le bilan écologique des villes, et *a fortiori* des grandes villes, est non seulement catastrophique (afflux quotidien de camions, émissions de gaz à effet de serre pour la production de ciment, pression sur les terres agricoles hors de la ville, construction d'infrastructures diverses, etc.) mais rend les zones urbaines extrêmement vulnérables à la moindre perturbation.

Cette vulnérabilité est entretenue par la logique de métropolisation, à l'œuvre dans nos pays depuis plusieurs décennies et qui se manifeste par une hyperconcentration de l'activité économique et des emplois de services propres à notre société « postindustrielle ». Ce qui engendre d'une part un afflux

1. Guillaume Faburel, *op. cit.*, p. 38.
2. Veronica Bonomelli, art. cité, p. 86.

de populations à proximité des grands centres urbains, accentuant la logique d'étalement et, en raison des prix élevés des logements, un éloignement progressif des catégories les moins favorisées. Et d'autre part une désertification des zones les plus périphériques des centres urbains, provoquant l'exode des plus jeunes diplômés et la mise à distance des populations restantes de l'ensemble des services auxquels elles devraient logiquement prétendre avoir accès (écoles, hôpitaux, gares, bureaux de poste, commerces, etc.). Il va de soi que cette organisation de nos territoires ne peut tenir que dans un contexte d'abondance énergétique. Va-t-on dès lors assister dans un avenir proche à une décroissance urbaine et à un rééquilibrage démographique au profit des campagnes ? C'est une idée qui semble avoir le vent en poupe, non seulement chez une partie des urbains (après des décennies d'exode rural, de nombreuses villes des pays les plus riches voient leur population décroître) mais également chez certains chercheurs. Guillaume Faburel, déjà cité, explique comment la ville provoque chez ses habitants des sentiments d'accélération permanente et de suffocation dans un environnement de plus en plus minéralisé[1]. À l'inverse, l'auteur voit dans les campagnes une proximité avec le vivant et des liens de voisinage permettant plus facilement de faire communauté[2], et donc *a fortiori* de mieux affronter les chocs.

La critique de la ville est aussi fortement présente au sein de la sphère survivaliste. Face aux maux

1. Guillaume Faburel, *op. cit.*, p. 153.
2. *Ibid.*, p. 156.

urbains que sont la forte densité démographique, l'anonymat, le quotidien déconnecté des équilibres naturels et de ses cycles, vivre à la campagne apparaît comme le premier acte à effectuer si l'on veut se préparer aux catastrophes à venir. Et tant pis si cette vision des choses se fait via une image fantasmée du monde rural, « dépeint comme un refuge intemporel, peuplé de gens simples, honnêtes et, en prime, libres, dépendant des lois de la nature[1] ».

L'imaginaire catastrophiste et post-apocalyptique use et abuse de cette opposition entre la ville, espace de tous les maux, et la campagne, lieu au sein duquel il est possible de refaire société une fois la catastrophe passée. Le pitch est souvent semblable : peu importe la catastrophe initiale, le centre-ville se transforme en zone de chaos et de pillages à la suite de mouvements de panique, de pannes d'électricité, sans oublier les traditionnelles files de voitures encombrant les axes quittant la ville. Le salut émergera d'un village situé loin des frasques du monde moderne. Évoquant la série *The Walking Dead*, un autre géographe, Manouk Borzakian va dans ce sens : « Pour le groupe de survivants au cœur de l'intrigue, la ville est un passage obligé, un lieu de ravitaillement que l'on fréquente par nécessité. Mais la vie se réorganise loin de l'urbain. Montagne, forêt, lac, l'imaginaire géographique de la série renoue avec les utopies pastorales du XIXe siècle. On retrouve un peu du projet jeffersonien d'une république de fermiers, et beaucoup de l'idéal romantique de Thoreau, qui valorise la nature sauvage et intacte, source de spiritualité, et l'oppose à la ville,

1. Bertrand Vidal, *op. cit.*, p. 82.

lieu de l'entassement, de la corruption morale et de la sédition[1]. »

À noter que cette idéalisation des campagnes est très présente dans les idéologies fascistes, lesquelles voient la vie rurale comme plus traditionnelle, encore une fois d'avantage connectée à la nature et surtout moins cosmopolite. Les idées sous-jacentes étant d'une part que les individus plus cosmopolites seraient moins enclins à protéger leur territoire[2] mais aussi qu'un territoire plus dense et culturellement, voire ethniquement, hétérogène accentuerait l'insécurité découlant des ruptures à venir. Sachant la propension des mouvements autoritaires à tirer les marrons du feu des épisodes de crise, il est probable qu'un contexte de tensions et de pénuries constituerait un terreau fertile pour le développement d'idées que l'on pourrait regrouper sous le vocable d'écofascisme.

Pour autant, du point de vue des problématiques au cœur de cet ouvrage, cette distinction entre villes et campagnes a-t-elle encore du sens, du moins dans nos pays occidentaux ? Plus que de véritables zones rurales, peut-être devrait-on parler de banlieues périurbaines, tant la plupart se situent dans la sphère d'influence d'une grande ville. Sur le plan matériel, les modes de vie sont en réalité très similaires et surtout également très dépendants des flux matériels, énergétiques voire agricoles. De même, l'immense majorité des habitants des zones rurales

1. Manouk Borzakian, *Géographie zombie. Les ruines du capitalisme*, Levallois-Perret, Playlist Society, 2019, p. 98.
2. Pierre Madelin, *op. cit.*, p. 82, 89, 245.

n'est plus liée de près ou de loin à une exploitation agricole et a une vie rythmée par des déplacements quotidiens (souvent en voiture).

Par conséquent, si l'on considère les constats de la première partie comme inévitables, ou à tout le moins probables, il va falloir remettre en cause la démesure des villes. Si une certaine densité peut indiscutablement aider à faire face aux chocs à venir, notamment via des relations de solidarité potentiellement plus nombreuses ainsi qu'une complémentarité des activités économiques plus développée, le gigantisme et le type d'urbanisation qui caractérisent la ville moderne anéantissent la spontanéité des relations par la ségrégation ou l'artificialisation des besoins. Ils empêchent également toute résilience puisqu'une plus grande ville signifie plus de bétonisation et davantage de besoins ne pouvant être satisfaits localement.

C'est ce qui conduit Guillaume Faburel à envisager une taille « idéale » pour les villes du futur, fixée aux alentours de 30000 habitants[1]. Ce seuil, purement théorique, permettrait à la fois de tisser d'importants réseaux fonctionnels dans la plupart des domaines (agriculture, artisanat, services publics, transports en commun, etc.), engendrant une certaine autonomie vis-à-vis de l'extérieur, mais aussi d'envisager une gestion à taille humaine et plus démocratique. Bien entendu, ce chiffre est amené à varier en fonction des contextes géographiques, climatiques, géologiques, hydrologiques, etc. Dans un scénario de rareté généralisée et de défaillance

1. Guillaume Faburel, *op. cit.*, p. 181-182.

des grandes infrastructures énergétiques, hydrauliques et de transport, une ville située en plein désert tolérera moins d'habitants qu'une autre localisée au sein d'un milieu dont les ressources sont plus abondantes. On lisait déjà il y a plusieurs années ce genre d'analyses sous la plume du célèbre théoricien libertaire américain Murray Bookchin quand il affirmait : « Il faut remplacer le capitalisme par une société écologique fondée sur des relations non hiérarchiques, des communautés décentralisées, des technologies écologiques comme l'énergie solaire et l'agriculture biologique, et des industries à l'échelle humaine, bref, par des formes démocratiques d'établissement, économiquement et structurellement adaptées à l'écosystème où elles se trouvent[1]. » Cette revendication s'est depuis déclinée sous différentes appellations (notamment le concept de biorégions[2]) mais le fond reste peu ou prou dans le même esprit.

Au-delà de cet idéal, il faut néanmoins souligner les tensions potentielles que ce projet peut apporter, en particulier dans le cadre économique actuel. En effet, si un « retour à la terre » est probablement souhaitable (et sans doute inévitable à moyen et long terme), il peut être source de conflit entre des populations rurales, ancrées au sein de leur territoire parfois depuis des générations, et de nouveaux arrivants, dont les idées et la façon de vivre sont

---

1. Murray Bookchin, *L'Écologie sociale. Penser la liberté au-delà de l'humain*, Marseille, Éditions Wildproject, 2020, p. 231.

2. Une biorégion se désigne comme un lieu défini non par les conventions humaines mais par la nature, à savoir le climat, la topographie, les ressources, les formes de vie, la faune et la flore.

susceptibles de heurter frontalement les premiers. On peut penser à l'exemple, caricatural, de certains citadins possédant une maison secondaire à la campagne et s'insurgeant contre les bruits matinaux du chant du coq ou des cloches de l'église. Par ailleurs, il faut tenir compte de la pression immobilière que cet exode urbain peut engendrer dans des régions attractives. On constate ce phénomène dans nombre d'entre elles, des Ardennes belges à la Bretagne ou à la Drôme en France, en passant par l'Idaho aux États-Unis, État qui a vu arriver de nombreux Californiens fuyant l'étouffement des mégapoles de la côte Ouest.

La pénurie comme une opportunité

Le pari de ce livre est donc le suivant : considérer des situations de pénurie comme une opportunité pour convaincre de la nécessité d'un changement individuel, collectif et politique. Le premier ne doit être ni glorifié ni minimisé. Il est fondamental que tout un chacun questionne ses choix de consommation (quand ses conditions matérielles le lui permettent) et s'oriente vers une certaine sobriété[1], entendue comme une réduction *volontaire* de sa consommation et de son empreinte écologique au sens large. Comme ce livre espère l'avoir démontré, être sobre revient à moins acheter de biens industriels et complexes (ce qui passe notamment par éviter autant que possible les supermarchés et les

1. Isabelle Brokman et Vincent Liegey, *Sobriété (la vraie)*, Paris, Tana éditions, 2023.

grandes enseignes du commerce en ligne), moins utiliser les transports ou les infrastructures nécessitant d'importantes ressources et ayant un impact écologique élevé (principalement l'avion, le numérique, la voiture en zone urbaine), aller au bout de l'utilisation des choses (au regard de l'ensemble des cycles de production, mieux vaut continuer à rouler dans sa vieille voiture polluante que d'acheter une nouvelle voiture électrique, qui plus est un SUV), moins manger de produits à base de protéines animales et issus de pays lointains, etc.

Évidemment, ces choix restent pour beaucoup soumis à des décisions plus larges et impliquent donc des politiques courageuses et radicales telles que l'interdiction de la publicité, des systèmes de taxations touchant d'abord les produits polluants les plus onéreux, le soutien à des initiatives locales, des investissements dans des réseaux de transports efficaces, etc.

Mais quoi qu'il advienne, des pénuries n'en sont pas moins inévitables. Ce qui implique d'ores et déjà de se mobiliser contre tout projet ou politique accentuant la pression sur les ressources en général et/ou produisant des nuisances sur les écosystèmes. Méga-bassines, aéroports, autoroutes, zones commerciales ou industrielles, infrastructures extractives ou favorisant l'agrobusiness. Autant d'installations dont l'aboutissement ne fera au mieux que repousser les problèmes, mais toujours en les accentuant. Nous l'avons vu, les obstacles sont nombreux quant à l'adoption de mesures radicales de la part des pouvoirs publics. C'est donc aux mobilisations populaires d'impulser un nouveau rapport de force et de combattre toute mesure n'allant pas dans le sens d'une plus grande sobriété, combinée à plus de justice sociale. Peu importe la forme que prendront ces mobilisations, leur succès dépendra de leur convergence et de la multiplicité des liens tissés entre elles. Manifestations, grèves, blocages, recours juridiques, sensibilisation, éducation populaire, engagement politicien, initiatives locales, autant de types d'actions que l'urgence nous interdit de négliger.

La tâche est énorme mais l'engagement, quel qu'il soit, ne doit pas uniquement être motivé par la perspective de remporter la bataille, auquel cas le risque de découragement menace de resurgir à chaque mauvaise nouvelle (et donc quotidiennement pour qui suit l'actualité de près). Il importe ainsi de faire preuve de modestie quant aux luttes à mener, de tenter de parvenir à des modes de vie et d'action en accord avec ses conviction personnelles et de préférer « couler en beauté que flotter sans grâce[1] ». Le présent ouvrage souhaite évidemment contribuer modestement à cette tâche et fournir des outils de compréhension et de vulgarisation à de potentielles mobilisations.

Il importe également de faire systématiquement le lien entre les différentes échelles. L'on sait que des politiques globales ont des répercussions locales et, à l'inverse, que des victoires locales peuvent essaimer et impulser une dynamique par la mise en réseau des combats. Le niveau local est d'ailleurs un puissant facteur de prise de conscience et de mobilisation, d'une part parce que les politiques menées impactent directement le quotidien des habitants,

1. Corine Morel Darleux, *Plutôt couler en beauté que flotter sans grâce. Réflexions sur l'effondrement*, Paris, Libertalia, 2019.

d'autre part parce que la distance entre pouvoir et citoyens est moins grande, ce qui donne l'impression à ces derniers de pouvoir peser sur les décisions prises.

À cet égard, les luttes contre des projets dits inutiles et imposés ces dernières années sont particulièrement inspirantes, d'autant plus qu'elles dépassent désormais la célèbre logique NIMBY (*Not In My BackYard* « Pas dans mon jardin »). L'idée en effet n'est plus seulement d'empêcher un projet en raison des nuisances qu'il va entraîner dans son environnement proche mais de combattre la nature même du projet au-delà de sa localisation. Une riveraine participant à la lutte (victorieuse) contre l'implantation d'une usine de frites géante en Wallonie belge résume les choses à merveille : « C'est bien le moment où l'on apprend que notre bout de jardin va être impacté par la construction d'un projet qui constitue le début de la conscientisation. Est-ce que l'on doit nous jeter la pierre ? Il me semble que cette réaction est tout à fait normale. Mais après, on se renseigne, on réfléchit et, au fur et à mesure, notre combat va au-delà de la logique NIMBY. Il s'attaque à un modèle, une structure qui ne respecte rien d'autre que l'argent. Et de là va émerger quelque chose de plus global comme une conscientisation sur notre manière de consommer, de produire. Peu à peu, la lutte dépasse le quartier. Des riverains s'investissent dans des associations et construisent un autre système de valeurs. Des liens sont établis avec d'autres contextes plus éloignés et le slogan "pas dans mon jardin" se voit peu à peu remplacé par "ni ici, ni ailleurs"[1]. »

1. geographiesenmouvement.com/2022/02/09/des-belges-en-guerre-contre-la-frite

Toute proportion gardée, les pénuries peuvent également jouer le rôle de catalyseurs de changements globaux. D'abord parce que, comme l'aménagement du territoire, elles constituent un problème concret que tout un chacun, ici et maintenant, peut prendre à bras-le-corps. Ce qui permet de toucher des publics *a priori* peu sensibilisés par les questions climatiques, écologiques ou sociales, souvent considérées comme lointaines et/ou abstraites.

Ensuite parce que leur compréhension et leur résolution passent par la remise en cause de politiques qui dépassent notre propre lieu de vie, ce qui implique de nous questionner sur ce qu'il se passe ailleurs et, ce faisant, de tisser des liens de solidarité avec d'autres populations subissant elles aussi les affres d'un système prédateur dont le profit immédiat constitue la seule valeur. Sans cette mise en connexion, les pénuries se résoudront par le repli, l'égoïsme, la violence et le désespoir. Gageons que le sursaut surviendra avant qu'il ne soit trop tard...

CONCLUSION

Optimisme ? Non merci !

Les deux siècles passés ont été les témoins des plus grands bouleversements que l'espèce humaine a connus. C'est vrai du point de vue énergétique, économique, alimentaire, technologique, sanitaire, géographique, militaire, social, etc. C'est aussi la première fois dans l'histoire de notre planète qu'une espèce parvient à bouleverser ses grands équilibres géophysiques. Ces constats, globalisés sous le vocable d'Anthropocène, cette ère de l'Homme, peuvent se résumer comme suit :

Plus d'extraction, plus de production,
plus de transports, plus de consommation.

On ne peut nier les progrès socio-économiques permis par ces évolutions. Mais ce que l'on a tendance à oublier, c'est qu'elles engendrent également :

Plus de déchets, plus de pollutions,
plus d'artificialisation des sols, plus de pression
sur les écosystèmes, plus d'accaparements,
plus d'inégalités, plus de frustrations.

En d'autres termes, l'Anthropocène, avec ses promesses d'abondance, porte en elle les futures pénuries.

Comment aborder cet état des lieux déconcertant, pour ne pas dire déprimant ? D'aucuns crieront au catastrophisme, posture selon beaucoup contre-productive, voire en partie responsable de la situation actuelle. Mais au vu des dernières décennies, n'est-ce pas plutôt le refus de voir la réalité en face qui nous a conduits dans cette impasse ? N'est-ce pas cette injonction à l'optimisme qui empêche une partie d'entre nous de se rendre compte des bouleversements à l'œuvre ? Il n'est cependant pas question de tomber dans la posture inverse, à savoir celle qui pense que tout est perdu, que tout espoir s'est évaporé et qu'il ne nous reste qu'à nous préparer à des scénarios du pire.

L'idée qui sous-tend cet ouvrage est de fournir une analyse lucide de la situation. Ce n'est que quand les termes de l'équation sont correctement posés qu'il est possible de la résoudre. Or, pour espérer, sinon résoudre (car beaucoup de problèmes sont insolubles), du moins atténuer ou surmonter les défis qui s'annoncent à nos sociétés, il faut acter les considérations suivantes.

1. L'organisation de nos sociétés modernes thermo-industrielles nous a fait franchir un certain nombre de frontières et se heurte à des limites. Les frontières désignent des seuils à ne pas franchir sous peine de déstabiliser et de détruire les systèmes qui maintiennent notre civilisation en vie. Parmi ces frontières figure l'accumulation de gaz à effet de serre provoquant un réchauffement du climat mais aussi la destruction des écosystèmes, les différentes

pollutions ou encore la disparition d'espèces. En parallèle, les limites concernent essentiellement les ressources non renouvelables (énergies fossiles, minerais) ou celles renouvelables mais que nous épuisons à un rythme bien trop rapide (forêts, terres, eaux souterraines, etc.). Contrairement aux frontières qui peuvent être franchies (quoique sous peine de graves perturbations), les limites empêchent physiquement tout système économique de croître à l'infini[1]. Pour le dire autrement, fabriquer et transporter l'intégralité des biens que nous utilisons au quotidien (mobilier, appareils électroménagers et numériques, nourriture, livres, ustensiles de cuisine, matériaux de construction, véhicules, etc.) nécessite des matières premières (ressources minières et agricoles principalement), de l'énergie et souvent de grandes quantités d'eau (extraction des minerais, arrosage des cultures, nettoyage, etc.). Or, ces trois éléments se raréfient.

2. Conséquence de cette situation : nous allons être confrontés à de plus en plus de problèmes (aléas climatiques, épidémies, pénuries, difficultés d'approvisionnement), alors que nous disposerons de moins de ressources pour y faire face.

3. De ce fait, la majorité des tensions que nous traversons depuis quelques années sont inévitablement amenées à s'accentuer et à se multiplier.

Ce triple constat nous conduit à envisager la situation sous un angle global et systémique. Bien sûr, certains défis analysés dans la première partie peuvent être surmontés, voire résolus. Mais en

1. Pablo Servigne et Raphaël Stevens, *op. cit.*, p. 38.

adoptant une approche interconnectée des choses (ce qu'elles sont de toute façon), nous faisons face à une telle accumulation de contraintes qu'il est illusoire de croire et d'espérer que nous retrouverons une situation antérieure. Si la majeure partie du XXe siècle fut marquée par l'abondance (de nouveau, seulement pour une portion de l'humanité), le XXIe siècle sera celui des limites. Il va donc falloir penser un système économique fondé sur ces limites, sans quoi ce siècle sera aussi celui des grands déséquilibres.

Cette prise de conscience commence par identifier l'ensemble des vulnérabilités propres à nos existences (ce que ce livre, parmi de nombreux autres travaux, tente modestement de faire). Comme l'écrit avec raison Véra Nikolski, « plus la déconnexion au réel est profonde, moins on est psychologiquement préparés à l'encaisser[1] ». Questionnons par conséquent les conditions de notre confort et anticipons que ce qui nous paraît évident aujourd'hui va tôt ou tard être remis en cause.

De là découlera la nécessité de changer de paradigme et de substituer des principes dorénavant obsolètes par d'autres en phase avec ces défis. Remplacer la spécialisation par la diversification. La centralisation par la décentralisation. L'interdépendance par l'autonomie mutuelle. La croissance par le bien-être. L'économisme par l'écologie sociale. Le technosolutionnisme par la prévention. L'accaparement par l'égalité. C'est d'autant plus urgent que toute énergie consacrée à des investissements du passé se fera

1. Véra Nikolski, *op. cit.*, p. 16.

nécessairement au détriment de projets de résilience à long terme.

L'ambition est colossale. Probablement inatteignable. Mais tenter d'y parvenir peut constituer un puissant moteur d'épanouissement, individuel comme collectif. Après tout, quels autres choix avons-nous ?

REMERCIEMENTS

Ce livre n'aurait pu voir le jour sans l'apport de nombreuses personnes, à commencer par Sophie Bajard, éditrice chez Payot, qui m'a fait le plaisir de me proposer une collaboration. Merci à elle pour ses précieux conseils et encouragements.

Merci aux Éditions Payot pour leur confiance en ce projet.

Merci à Thomas et Nathalie qui ont accepté de relire certains chapitres. Merci à Pascal Genin, routier avec plusieurs millions de kilomètres au compteur, et à Damien Ernst, professeur en électromécanique à l'Université de Liège, d'avoir répondu à mes questions relatives à leur domaine respectif.

Merci à mes élèves et mes proches qui supportent mon ton passionné et m'apportent constamment de nombreuses réflexions sur les sujets évoqués dans les lignes qui précèdent.

Merci à Tania pour son soutien sans faille. Qu'elle pardonne à la fois mon emploi du temps et mon caractère.

Merci enfin à Salomé, dont la naissance est arrivée quelques jours après la fin de la rédaction de ce livre. Merci de m'avoir laissé le temps de terminer le manuscrit et, déjà, de m'inspirer comme personne d'autre ne l'a fait jusqu'à maintenant.

Puisse ma génération laisser le meilleur des mondes possibles à la tienne.

BIBLIOGRAPHIE

ATON et RIVA, Jean-Luc, *Se préparer au pire !*, Paris, Albin Michel, 2023.

AUZANNEAU Matthieu, *Or noir. La grande histoire du pétrole*, Paris, La Découverte, 2015.

– et CHAUVIN Hortense, *Pétrole. Le déclin est proche*, Paris, Seuil, 2021.

BARTHOLEYNS Gil, *Le Hantement du monde. Zoonoses et pathocène*, Bellevaux, Éditions Dehors, 2021.

BEDNIK Anna, *Extractivisme*, Neuvy-en-Champagne, Le Passager clandestin, 2016.

BIHOUIX Philippe, *L'Âge des low tech. Vers une civilisation techniquement soutenable*, Paris, Seuil, 2014.

– et MAUVILLY Karine, *Le Désastre de l'école numérique. Plaidoyer pour une école sans écrans*, Paris, Seuil, 2016.

BLAIN Christophe et JANCOVICI Jean-Marc, *Le Monde sans fin*, Paris, Dargaud, 2021.

BOMMERT Wilfried et LANDZETTEL Marianne, *La Fin de l'alimentation. Comment le changement climatique va bouleverser ce que nous mangeons*, Paris, La librairie Vuibert, 2019.

BONFOND Olivier, *Il faut tuer TINA. 200 propositions pour rompre avec le fatalisme et changer le monde*, Mons, Éditions du Cerisier, 2017.

BONNEUIL Christophe et FRESSOZ Jean-Baptiste, *L'Événement Anthropocène. La Terre, l'histoire et nous*, Paris, Seuil, 2013.

BORZAKIAN Manouk, *Géographie zombie. Les ruines du capitalisme*, Levallois-Perret, Playlist Society, 2019.

BOOKCHIN Murray, *Une société à refaire. Vers une écologie de la liberté*, Montréal, Écosociété, 2010.

BROKMAN Isabelle et LIEGEY Vincent, *Sobriété (la vraie)*, Paris, Tana éditions, 2023.

BRYGO Julien et CYRAN Olivier, *Boulots de merde ! Du cireur au trader. Enquête sur l'utilité et la nuisance sociale des métiers*, Paris, La Découverte, 2016.

BRYSON Bill, *L'Été où tout arriva. 1927, L'Amérique en folie*, Paris, Payot, 2022.

CALAME Matthieu, *La Révolution agro-écologique. Se nourrir demain*, Paris, Seuil, 2023.

CHALINE Éric, *50 minéraux qui ont changé le cours de l'histoire*, Paris, Le Courrier du Livre, 2012.

CHAPELLE Gauthier et SERVIGNE Pablo, *L'Entraide. L'autre loi de la jungle*, Paris, Les liens qui libèrent, 2017.

COMITÉ INVISIBLE, *À nos amis*, Paris, La Fabrique, 2014.

COURT Victor, *L'Emballement du monde. Énergie et domination dans l'histoire des sociétés humaines*, Montréal, Écosociété, 2022.

DAMADE Jacques, *Abattoirs de Chicago*, Paris, Éditions La Bibliothèque, 2020.

DAVIS Mike, *Génocides tropicaux. Catastrophes naturelles et famines coloniales. Aux origines du sous-développement*, Paris, La Découverte, 2006.

–, *Le Monstre est parmi nous. Pandémies et autres fléaux du capitalisme*, Paris Éditions Divergences, 2020.

DUPUIS-DÉRI Francis, *Les Black blocs. La liberté et l'égalité se manifestent*, Montréal, Lux, 2007.

DUTERME Renaud, *Petit manuel pour une géographie de combat*, Paris, La Découverte, 2020.

– et DE RUEST Éric, *La Dette cachée de l'économie*, Paris, Les liens qui libèrent, 2014.

FABUREL Guillaume, *Indécence urbaine. Pour un nouveau pacte avec le vivant*, Paris, Flammarion, 2023.

FLÉCHER Claire, *À bord des géants des mers. Ethnographie embarquée de la logistique globalisée*, Paris, La Découverte, 2023.

FOLLIET Luc, *Nauru, l'île dévastée. Comment la civilisation capitaliste a détruit le pays le plus riche du monde*, Paris, La Découverte, 2010.

JAPPE Anselm, *Béton. Arme de construction massive du capitalisme*, Paris, L'Échappée, 2020.

KLINENBERG Éric, *Canicule. Chicago, été 1995*, Lyon, Éditions deux-cent-cinq, 2021.

KROPOTKINE Pierre, *L'Entraide. Un facteur de l'évolution*, Montréal, Écosociété, 2001.

LAFARGUE Jean-Noël et BURNIAT Mathieu, *Internet. Au-delà du vituel*, Bruxelles, le Lombard, coll. « La petite bédéthèque des savoirs », 2017.

LECLAIR Lucile, *Pandémies, une production industrielle*, Paris, Seuil, 2020.

LE TEXIER Thibault, *La Main visible des marchés. Une histoire critique du marketing*, Paris, La Découverte, 2022.

LEVINSON Marc, *The Box. Comment le conteneur a changé le monde*, Paris, Max Milo, 2011.

LIEGEY Vincent, *Décroissance*, Paris, Tana éditions, 2021.

–, MADELAINE Stéphane, ONDET Christophe et VEILLOT Anne-Isabelle, *Un projet de décroissance. Manifeste pour une dotation inconditionnelle d'autonomie*, Paris, Utopia, 2013.

LONDEIX Pauline et Martin Jérôme, *Combien coûtent nos vies ? Enquête sur les politiques du médicament*, Paris, 10/18, 2022.

MADELIN Pierre, *La Tentation écofasciste. Écologie et extrême droite*, Montréal, Écosociété, 2023.

MALET Jean-Baptiste, *L'Empire de l'or rouge. Enquête mondiale sur la tomate d'industrie*, Paris, Fayard, 2017.

MALM Andreas, *Comment saboter un pipeline*, Paris, La Fabrique, 2020.

MANDEL Ernest, *Introduction au marxisme*, Bruxelles, Éditions Léon Lesoil, 2007.

McNeill John R., *Du nouveau sous le soleil. Une histoire de l'environnement mondial au xxe siècle*, Seyssel, Champ Vallon, 2010.

Mitchell Timothy, *Carbon Democracy. Le pouvoir politique à l'ère du pétrole*, Paris, La Découverte, 2013.

Morand Serge, *L'Homme, la faune sauvage et la peste*, Paris, Fayard, 2020.

Morel Darleux Corinne, *Plutôt couler en beauté que flotter sans grâce. Réflexions sur l'effondrement*, Paris, Libertalia, 2019.

Nikolski Véra, *Féminicène. Les vraies raisons de l'émancipation des femmes. Les vrais dangers qui les menacent*, Paris, Fayard, 2023.

Orsenna Erik, *La Terre a soif. Guerres et paix aux royaumes des fleuves*, Paris, Fayard, 2022.

Pagès Yves, *Les Chaînes sans fin. Histoire illustrée du tapis roulant*, Paris, La Découverte, 2023.

Parrique Timothée, *Ralentir ou périr. L'économie de la décroissance*, Paris, Seuil, 2022.

Perrier Brice, *Sars-Cov-2, aux origines du mal*, Paris, Belin, 2021.

Pitron Guillaume, *La Guerre des métaux rares. La face cachée de l'industrie énergétique et numérique*, Paris, Les liens qui libèrent, 2018.

–, *L'Enfer numérique. Voyage au bout d'un like*, Paris, Les liens qui libèrent, 2021.

Polanyi Karl, *La Grande Transformation. Aux origines politiques et économiques de notre temps*, Paris, Gallimard, 1983.

Quet Mathieu, *Flux. Comment la pensée logistique gouverne le monde*, Paris, Zones, 2022.

Raspiengeas Jean-Claude, *Routiers*, Paris, L'Iconoclaste, 2020.

Ravignan Antoine de, *Nucléaire, stop ou encore ?*, Paris, Les Petits matins, 2022.

Ricard Lanata Xavier, *La Tropicalisation du monde*, Paris, PUF, 2019.

ROCKER Rudolf, *Théorie et pratique de l'anarchosyndicalisme*, Bruxelles, Aden, 2010.
ROSIÈRE Stéphane, *Frontières de fer. Le cloisonnement du monde*, Paris, Syllepse, 2020.
SERVIGNE Pablo et STEVENS Raphaël, *Comment tout peut s'effondrer. Petit manuel de collapsologie à l'usage des générations présentes*, Paris, Seuil, 2015.
– (dir.), *Aux origines de la catastrophe. Pourquoi en sommes-nous arrivés là ?*, Paris, Les liens qui libèrent, 2020.
STEEL Carolyn, *Ville affamée. Comme l'alimentation façonne nos vies*, Paris, Rue de l'échiquier, 2008.
STOECKEL Hugues, *La Faim du monde. L'humanité au bord d'une famine globale*, Paris, Max Milo, 2012.
TAINTER Joseph A., *L'Effondrement des sociétés complexes*, Aube, Le Retour aux sources, 2013.
TESTOT Laurent et WALLENHORST Nathanaël, *Vortex. Faire face à l'Anthropocène*, Paris, Payot, 2023.
URBINA Ian, *La Jungle des océans. Crimes impunis, esclavage, ultraviolence, pêche illégale*, Paris, Payot, 2019.
VAN RENTERGHEM Marion, *Le Piège Nord Stream*, Paris, Les Arènes, 2023.
VIDAL Bertrand, *Survivalisme. Êtes-vous prêts pour la fin du monde ?*, Paris, Arkhé, 2018.
WALLET Frédéric, *Manger demain*, Paris, Tana éditions, 2021.
ZEITOUN Jean-David, *Le Suicide de l'espèce*, Paris, Denoël, 2023.

TABLE DES MATIÈRES

pca
cmb
édition pré-presse
livres numériques

44400 Rezé

Achevé d'imprimer en décembre 2023 par Corlet Imprimeur - 14110 Condé-en-Normandie
Dépôt légal : décembre 2023 - N° d'imprimeur : 23110008 - Imprimé en France